Einführung in die arabische Schrift

Einführungen in fremde Schriften

Arabisch

Arabisch-persisch

Armenisch

Bengālī

Chinesisch

Devanāgarī

Donauschrift

Georgisch

Griechisch

Gujarātī

Gurmukhī

Hebräisch

Hieroglyphen

Mongolisch

Oṛiā

Thailändisch

BUSKE

Ikhlas Schumacher

Einführung in die arabische Schrift

BUSKE

Ikhlas Schumacher M. A. ist Sprachwissenschaftlerin und Dozentin für Arabisch und interkulturelle Kommunikation. Neben ihrer Dozententätigkeit arbeitet sie als freiberufliche Journalistin, Synchronsprecherin und Moderatorin.

Bibliografische Information der Deutschen Nationalbibliothek

Die Deutsche Nationalbibliothek verzeichnet diese Publikation in der Deutschen Nationalbibliografie; detaillierte bibliografische Daten sind im Internet über <http://portal.dnb.de> abrufbar.

ISBN 978-3-96769-029-3

2., bearbeitete Auflage 2020

Satz und Layout: Beate Stangl, beworx.de.
Umschlaggestaltung: QART Büro für Gestaltung, Hamburg.
Druck und Bindung: Drukarnia Dimograf, Bielsko-Biała

Printed in Poland

www.buske.de

Die arabische Welt

Inhaltsverzeichnis

Das Vokabelverzeichnis beginnt auf der letzten Seite dieses Buches, wird von rechts nach links gelesen und in Gegenrichtung geblättert.

Vorwort

Arabisch ist die größte semitische Sprache und wird auf der arabischen Halbinsel, im Nahen Osten und in Nordafrika gesprochen. Mit etwa 235 Millionen Muttersprachlern ist sie die fünfthäufigste gesprochene Sprache der Welt, die Amts- und Mediensprache in 22 Ländern sowie eine der sechs offiziellen Sprachen der Vereinten Nationen. Man unterscheidet das klassische Arabisch, das moderne Hocharabisch, auch Standardarabisch genannt, und das gesprochene Arabisch in den verschiedenen regionalen Dialekten.

Das klassische Arabisch ist die Sprache des Korans und die liturgische Sprache des Islam. Das moderne Hocharabisch ist die Sprache, die in der Literatur, in den Medien und Ämtern verwendet wird. Sie basiert auf dem klassischen Arabisch. Die verschiedenen Dialekte, die sich von Land zu Land, von Region zu Region und von Ortschaft zu Ortschaft unterscheiden, bilden das gesprochene Arabisch. Es gibt vier Hauptdialekte: den Golfdialekt, der in den Golfstaaten gesprochen wird; den levantinischen Dialekt in Syrien, Libanon, Jordanien und Palästina; den ägyptischen Dialekt in Ägypten und den nordafrikanischen Dialekt, der im Maghreb[1] gesprochen wird.

Am besten wird der levantinische und ägyptische Dialekt von allen Arabern gut verstanden. Wenn allerdings ein Araber aus der Levante und einer aus den Maghreb-Ländern miteinander sprechen, ist die Kommunikation am Anfang erschwert, da der Araber aus der Levante den nordafrikanischen Dialekt nur schwer versteht. Er braucht Zeit, um sich an den nordafrikanischen Dialekt zu gewöhnen. Je näher sich zwei arabische Länder geografisch sind, desto ähnlicher sind ihre Dialekte und umso besser verstehen sich ihre Einwohner. Es gibt unzählige regionale Dialekte.

Das arabische Alphabet wird im gesamten arabischen Raum verwendet. Darüber hinaus bedienen sich auch einige indogermanische Sprachen wie Persisch, Paschto oder Dari dieses Alphabets. Es ist nach dem lateinischen Alphabet das meist verwendete Alphabet.

Dieses Buch richtet sich an alle, die das arabische Alphabet in Wort und Schrift lernen oder lehren möchten, aber auch an diejenigen, die sich

1 Unter *Maghreb* versteht man vor allem die drei nordafrikanischen Staaten Tunesien, Algerien und Marokko.

für die arabische Kalligrafie interessieren. Denn dafür muss man notwendiger Weise das arabische Alphabet beherrschen. Aus meiner Erfahrung im Arabisch-Unterricht weiß ich, dass die Hauptschwierigkeit nicht in der Schrift liegt, sondern in der Artikulation. Denn einige Laute der arabischen Sprache existieren im Deutschen und anderen indogermanischen Sprachen nicht. Außerdem klingen arabische Wörter sehr fremd und haben selten eine Verbindung zu den indogermanischen bzw. zu germanischen oder romanischen Sprachen. Mit der Zeit jedoch gelingt es den meisten, die Laute korrekt auszusprechen, denn es ist lediglich eine Sache der Übung, idealerweise unterstützt durch einen Lehrenden.

Dieses Buch besteht aus zwei Teilen: Im ersten Teil lernen Sie das arabische Alphabet, Buchstabenvarianten, Vokalisierungs- und Hilfszeichen, den Artikel, wie Buchstaben zu Wörtern zusammengefügt werden und die Zahlen. Im zweiten Teil befindet sich ein Schreibtrainer mit Schreib- und Leseübungen.

Zu den Leseübungen sind Sprachaufnahmen unter *https://buske.de/arabische-schrift* auf der Webseite des Verlages zu finden. Diese Übungen sind mit gekennzeichnet.

Neuss, im März 2020 *Ikhlas Schumacher*

Geschichte der arabischen Sprache und Schrift

Die arabische Sprache gewann durch das Aufkommen des Islam immens an Bedeutung und erfuhr einen starken Aufschwung. In vorislamischer Zeit war sie eine Regionalsprache auf der arabischen Halbinsel. Das heutige Arabisch entwickelte sich aus dem Dialekt der „Quraish", der Sippe des Propheten Mohammed[2]. Die Sippe der Quraish lebte in Mekka, der Geburtsstadt Mohammeds und des Islam.

Geschichte der arabischen Sprache

Über die Entstehung der arabischen Sprache bestehen zwei konkurrierende Stammbaumtheorien[3]. Beide Theorien führen die Entstehung des Arabischen auf die afro-asiatischen Sprachen zurück. Von diesen spaltete sich die semitische Sprache ab, teilte sich in ost-, west- und südsemitische Sprachen auf. Der ersten Theorie zufolge entstand Arabisch aus der südsemitischen Sprache. Im Gegensatz dazu sieht die zweite Theorie den Ursprung des Arabischen in der westsemitischen Sprache.

Die Bezeichnung „semitisch" wurde erst 1781 von dem deutschen Linguisten August Ludwig von Schlözer erfunden und bezieht sich auf Sem, Noahs erstgeborenen Sohn.

Vor dem Islam wurde arabisch lediglich von Stämmen auf der arabischen Halbinsel gesprochen. Wie verbreitete sich also diese Regionalsprache von dort in die Welt? Warum gewann sie so immens an Bedeutung?

Laut Überlieferung empfing der Prophet Mohammed vom Erzengel Gabriel göttliche Offenbarungen in arabischer Sprache. Diese Offenbarungen begannen etwa im Jahr 610 nach Christus in einer Höhle in Mekka. Im Schlaf zeigte ihm der Erzengel ein beschriebenes Seidentuch und forderte ihn auf, es vorzulesen. Da Mohammed aber weder lesen noch schreiben konnte, las ihm Gabriel den Text vor und verlangte von ihm, den Text nachzusprechen. Durch Verbalinspiration konnte Mohammed den Text auswendig rezitieren. Die in

2 Salloum, Habeeb „THE ODYSSEY OF THE ARABIC LANGUAGE AND ITS SCRIPT", Internet-Artikel http://www.alhewar.com/habeeb_salloum_arabic_language.htm (aufgerufen am 2.4.2017).

3 Owen, Jonathan 2013, „The Oxford Handbook of Arabic Linguistics (Oxford Handbooks in Linguistics)".

dieser und weiteren Offenbarungen übermittelten Texte bildeten später den Koran, die heilige Schrift des Islam.

Weil die göttlichen Offenbarungen in arabischer Sprache übermittelt wurden, ist Arabisch für die Gläubigen eine heilige Sprache.

Der Prophet Mohammed gewann schnell viele Anhänger. Sogenannte „Auswendiglerner" lernten von ihm die göttlichen Offenbarungen (später im Koran als „Suren" bezeichnet) und trugen sie dann auswendig vor. Mit der zunehmenden Zahl an Anhängern gewann er auch an Macht. So wurde er zum Heerführer, rüstete sich militärisch aus und begann mit der Verbreitung des Islam. Nach seinem Tod setzten seine Nachfolger, die Kalifen, die Islamisierungen fort. Sie eroberten weitere Regionen und verbreiteten die Religion und damit auch ihre Sprache. In den eroberten Regionen wurde Arabisch zur offiziellen Amtssprache und verdrängte dadurch lokale Sprachen wie zum Beispiel das Aramäische in Syrien, das Koptische in Ägypten oder die Berberdialekte in Nordafrika. Die arabische Sprache erreichte sogar die iberische Halbinsel und behauptete sich dort neben Portugiesisch und Spanisch. Sie wurde eine „führende Weltsprache und das intellektuelle Medium, das den größten Teil der zivilisierten Welt vereinigte."[4]

4 Salloum, Habeeb „THE ODYSSEY OF THE ARABIC LANGUAGE AND ITS SCRIPT", Internet-Artikel http://www.alhewar.com/habeeb_salloum_arabic_language.htm (aufgerufen am 2.4.2017)

Geschichte der arabischen Schrift

Die Entwicklung der arabischen Schrift ist nicht vollständig dokumentiert und es gibt darüber widersprüchliche Theorien. Archäologische Funde belegen jedoch, dass die arabische Schrift sich aus der nabatäischen Schrift heraus entwickelte[5], die von rechts nach links geschriebene Konsonanten und lange Vokale darstellt. Zur Blütezeit der Nabatäer (ab dem 4. Jahrhundert v. Chr.) wurde der rege Handel und die damit einhergehende Notwendigkeit zur „Buchführung" zu einem wichtigen Faktor für die Entwicklung eines Schriftsystems. Die nabatäische Schrift hatte sich wiederum aus der aramäischen Schrift entwickelt. Diese besaß wie die nabatäische Schrift nur 22 Buchstaben und hatte sich ihrerseits aus einem protosemitischem Alphabet entwickelt.

Das älteste erhaltene arabische Schriftstück stammt aus dem Jahr 512 n. Chr. – eine dreisprachige Inschrift in Griechisch, Assyrisch und Arabisch. Diese Version des arabischen Alphabets verwendete nur 22 Buchstaben.[6] Insgesamt wurden bislang nur fünf vorislamische Texte in arabischer Schrift gefunden. Die überwältigende Mehrheit der erhaltenen vorislamischen arabischen Texte (geschätzt 40.000) wurde in anderen Schriften aufgeschrieben, hauptsächlich im nabatäischen Alphabet.

Die erste offizielle Fassung des Korans wurde in der Ära des dritten Kalifen Othman ibn Affan (644–656) erstellt.

Erst mit dem Aufkommen des Islam wuchs die Menge an arabischen Schriften schlagartig an. Gleichzeitig entwickelte sich die arabische Schrift weiter: Die damalige arabische Schrift hatten gravierende Nachteile, denn die 22 Buchstaben deckten nicht alle 28 Laute der arabischen Sprache ab, weshalb sechs Buchstaben mit

5 Die Nabatäer waren ein Nomadenvolk, das Macht, Ruhm und Reichtum und eine blühende Zivilisation durch das Handeln mit Weihrauch und Myrrhe erlangte. Sie transportierten diese Güter nach Südarabien und ins Römische Reich und kontrollierten die Weihrauch-Handelsroute. Ihre Hauptstadt war Petra im heutigen Jordanien.

6 Wikipedia, Geschichte der arabischen Schrift https://de.wikipedia.org/wiki/Geschichte_der_arabischen_Schrift#Vorislamische_Inschriften (aufgerufen am 2.4.2017).

je zwei Lauten doppelt belegt waren. Deswegen kamen zu den ursprünglich 22 Buchstaben sechs Buchstaben hinzu, sodass nun jeder Laut seinen eigenen Buchstaben besaß. Ein weiterer Nachteil war das anfängliche Fehlen eindeutiger Unterscheidungsmerkmale vieler Buchstaben gleicher Basisform, was Texte schwer lesbar machte. Erst der arabische Lexikograf und Grammatiker Abu Al-Aswad Al-Du'ali (603–688/689) fügte die charakteristischen Punkte zu den Buchstaben hinzu und entwickelte die Vokalisierungszeichen (siehe Seite 61). All diese Verbesserungen machten die arabische Schrift wesentlich einfacher lesbar, und es entstanden verschiedene ästhetische Schriftarten und die arabische Kunst der Kalligrafie.

Arabische Schriftarten

Alle arabischen Schriftarten werden von rechts nach links geschrieben. Einzelne Buchstaben werden miteinander zu einem Wort verbunden – man schreibt nie Buchstaben eines Wortes isoliert. Manche Buchstaben haben dieselbe Basisform und unterscheiden sich lediglich durch Anzahl und Anordnung ihrer Punkte. Nachfolgend werden die wichtigsten Schriftarten kurz vorgestellt:

Kufi

Diese Schrift ist eine der ältesten und wurde nach ihrer Entstehungsstadt „Kufah" im Irak benannt. Außer als dekorative Kalligrafie wird sie nicht mehr benutzt. Anfangs hatte die Kufi Schrift nur 22 Buchstaben, aber inzwischen hat sie sich dem heutigen Alphabet angepasst. Die erste Fassung des Korans wurde in der kufischen Schrift verfasst.

Aṯuloṯ

Eine komplizierte und schwere, aber wunderschöne Schriftart. Nicht jeder kann sie schreiben. *Aṯuloṯ* wird für die Dekoration von Moscheen, Kuppeln, Bucheinbänden, Karten etc. verwendet.

Dīwanī

Eine sehr komplizierte Schrift, die für administrative Dokumente entwickelt worden ist. Sie ist bewusst kompliziert, damit die in dieser Schrift abgefassten Dokumente nicht gefälscht werden.

Nasḫi:

Diese Schrift löste die Kufi-Schrift ab. *Nasḫ* bedeutet „abschreiben". Sie wurde so genannt, weil sie hauptsächlich zum Abschreiben des Korans und anderer Schriften verwendet wurde. Sie zeichnet sich durch ihre hohe Ästhetik und Lesbarkeit aus.

Arruqᶜa:

Eine der leichtesten arabischen Schriften und heute am weitesten verbreitet. Sie ist schlicht und frei von jeglicher Komplexität. Sie lässt sich einfach lesen und schreiben und wird auch handschriftlich gerne verwendet.

Koptische und arabische Inschriften in einer koptischen Kirche, Alt-Kairo.

Einführung in das arabische Alphabet

Das arabische Alphabet besteht aus 28 Buchstaben, davon sind 25 Konsonanten und drei Vokale. Die meisten Buchstaben werden nicht nur in der Handschrift, sondern auch im Druck miteinander verbunden, sodass auch gedruckte arabische Schrift den Eindruck einer „Schreibschrift" vermittelt. Wortgrenzen erkennt man an den Lücken zwischen zwei Wörtern.

Es gibt keine Groß- und Kleinschreibung. Anfangsbuchstaben werden also immer gleich geschrieben, egal ob sie am Satzanfang oder in der Satzmitte stehen. Man schreibt und liest immer von rechts nach links.

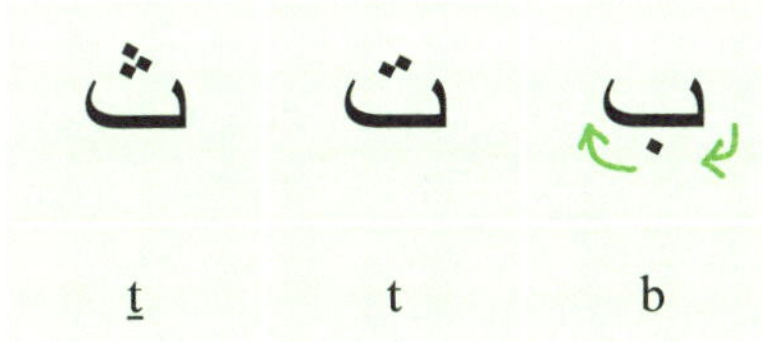

Manche Buchstaben des arabischen Alphabets sehen sich ähnlich, wie im Beispiel oben. Sie haben dasselbe Basiszeichen und unterscheiden sich nur durch Anzahl und Position der Punkte. Die Anzahl und Position der Punkte sind ein wesentlicher Bestandteil der Buchstaben und keine diakritischen Zeichen.

Im Arabischen schreibt man nur lang gesprochene Vokale aus, kurz gesprochene Vokale werden dagegen durch sogenannte Vokalisierungszeichen ersetzt. Die Vokalisierungszeichen werden als diakritische Zeichen betrachtet.

Zu viel Neues auf einmal? Keine Sorge! Die Buchstaben bilden eine geschlossene Gruppe und das Schreibsystem ist genau definiert. Es ist zu schaffen!

Ergänzend gibt es eine Gruppe von Zusatzbuchstaben, die lediglich Varianten der vorhandenen Buchstaben sind. Sie werden auch in diesem Buch mit Beispielen erklärt.

Alle aus dem lateinischen Alphabet bekannten Satzzeichen wie Punkt, Komma, Fragezeichen etc. existieren auch in der arabischen Schrift.

Das arabische Alphabet

	Buchstabe	Name	Umschrift	Hinweise zur Aussprache
1	ا	*alif*	a, ä	
2	ب	*bā'*	b	
3	ت	*tā'*	t	
4	ث	*ṯā'*	th	Stimmloses *th*, wie im englischen *three*
5	ج	*ǧīm*	dsch	Wie im englischen *Jack*
6	ح	*ḥā'*	h	Gepresstes stimmloses h. Bei offenem Mund laut ausatmen und währenddessen pressen.
7	خ	*ḫā'*	ch	Immer hart aussprechen wie in *doch*, *nach*, *ach*.
8	د	*dāl*	d	
9	ذ	*ḏāl*	th	Stimmhaftes *th*, wie im englischen *this* und *that*
10	ر	*rā'*	r	Zungen-r
11	ز	*zāy*	z	Stimmhaftes z

	Buchstabe	Name	Umschrift	Hinweise zur Aussprache
12	س	*sīn*	s	Immer stimmlos
13	ش	*šīn*	sch	
14	ص	*ṣād*	ß / ss	Emphatisch, wie in *Ross* und *Koloss*
15	ض	*ḍād*	dd	Emphatisch, wie in *Donner*
16	ط	*ṭo*	tt	Emphatisch, wie in *Dotter*
17	ظ	*ẓo*	th	Emphatisch, wie im englischen *mother*
18	ع	*ʿain*	a	Gepresstes a; Würgelaut
19	غ	*ġain*	gh	
20	ف	*fā'*	f	
21	ق	*qāf*	q	
22	ك	*kāf*	k	
23	ل	*lām*	l	

	Buchstabe	Name	Umschrift	Hinweise zur Aussprache
24	م	*mīm*	m	
25	ن	*nūn*	n	
26	ه	*hā’*	h	Wie in *heiß* oder *hoch*
27	و	*wāw*	u / o	
28	ي	*yā’*	i / e / y	

Das arabische Alphabet in isolierter Form

ث	ت	ب	أ
ṯā’	*tā’*	*bā’*	*alif*
د	خ	ح	ج
dāl	*ḫā’*	*ḥā’*	*ǧīm*
س	ز	ر	ذ
sīn	*zāy*	*rā’*	*ḏāl*
ط	ض	ص	ش
ṭo	*ḍād*	*ṣād*	*šīn*
ف	غ	ع	ظ
fā’	*ġain*	*ʿain*	*ẓo*
م	ل	ك	ق
mīm	*lām*	*kāf*	*qāf*
ي	و	ه	ن
yā’	*wāw*	*hā’*	*nūn*

Buchstabengruppen

In diesem Abschnitt sind ähnliche Buchstaben gruppiert, um sie besser lernen und auseinanderhalten zu können. Buchstaben einer Gruppe haben dasselbe Basismuster und unterscheiden sich durch Anzahl und Position der Punkte. Ihre Bindungsregeln im Wort sind gleich.

خ	ح	ج
ḫā'	*ḥā'*	*ǧīm*

ث	ت	ب
ṯā'	*tā'*	*bā'*

ذ	د
ḏāl	*dāl*

ز	ر
zāy	*rā'*

ش	س
šīn	*sīn*

ض	ص
ḍād	*ṣād*

ظ	ط
ẓo	*ṭo*

غ	ع
ġain	*ʿain*

ق	ف
qāf	*fā'*

Die Vokale

Im Arabischen gibt es lediglich drei Vokale: ا wird für die Laute a und ä verwendet, و für die Laute o und u, und ي für die Laute e und i und y.

yā'	*wāw*	*alif*
ي	و	ا
i, e, y	o, u	a, ä

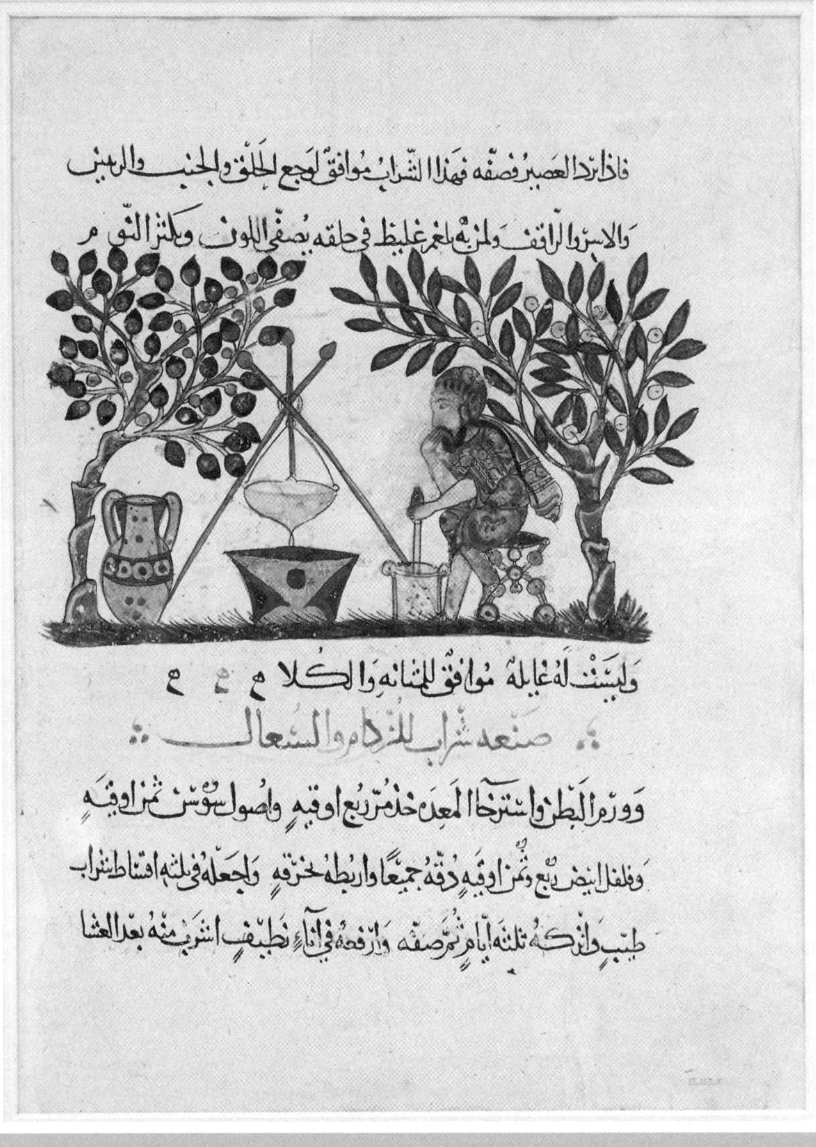

Herstellung eines Elixiers, Seite aus dem Manuskript *De Materia Medica* von Dioscorides (ca. 40–90 AD).

Die Buchstaben im Einzelnen

Alif entspricht im Deutschen den Lauten a oder ä. Es ist der erste Buchstabe im arabischen Alphabet und einer der drei Vokale. *Alif* lässt sich nur von rechts verbinden; der darauf folgende Buchstabe muss also direkt daneben angesetzt werden, als wäre er der Beginn eines neuen Wortes. Isoliert lässt sich *Alif* wie ein Strich von oben nach unten schreiben:

ا

Häufig wird *Alif* von ء *Hamza* begleitet. ء *Hamza* ist ein Glottisverschluss, der bei jeder Lautproduktion eines Vokals beteiligt ist: Bei geöffnetem Mund schließt man die Stimmbänder und stößt den Laut a, i oder u aus. Probieren Sie es einmal. Zusammen sehen beide Zeichen so aus:

2 أ 1

Schreiben Sie bitte den Buchstaben in die freien Zeilen: Hier geht's los.

أ أ أ أ

أ

Alif in der Anfangs-, Mittel- und Endposition

Schreiben Sie bitte die Beispielwörter in die freien Felder:

Ende	Mitte	Anfang	
ـا	ـا	أ	أ
عَلْيا	باب	أَب	

Bā' entspricht dem b im Deutschen. Es lässt sich von rechts und von links verbinden. *Bā'* hat einen Punkt unterhalb des Buchstabens, was ihn von den anderen Buchstaben der Gruppe ث ت ب unterscheidet, die dasselbe Basismuster haben.
Isoliert wird *Bā'* wie eine flache Schale von rechts nach links geschrieben, anschließend wird der Punkt daruntergesetzt:

Schreiben Sie bitte den Buchstaben in die freien Zeilen:

Hier geht's los.

ب ب ب ب

ب

ب

Bā' in der Anfangs-, Mittel- und Endposition

Schreiben Sie bitte die Beispielwörter in die freien Felder:

Ende	Mitte	Anfang
ـب	ـبـ	بـ
حَليب	حَبْل	بِنْت

ب

Tā’ entspricht dem t im Deutschen. Es lässt sich beim Schreiben von rechts und von links verbinden. *Tā’* hat zwei Punkte oberhalb des Buchstabens, was es von den anderen Buchstaben der Gruppe ث ت ب unterscheidet, die dasselbe Basismuster haben. Isoliert wird *Tā’* wie eine flache Schale von rechts nach links geschrieben, anschließend werden zwei Punkte darüber gesetzt:

Schreiben Sie bitte den Buchstaben in die freien Zeilen:

Hier geht's los.

ت ت ت ت

ت

ت

Tā’ in der Anfangs-, Mittel- und Endposition

Schreiben Sie bitte die Beispielwörter in die freien Felder:

Ende	Mitte	Anfang	
ـت	ـتـ	تـ	ت
بَيْت	أسْتاذ	تَمْر	

Ṯā’ ist ein interdentaler stimmloser Laut /th/ und entspricht dem th im Englischen wie in three und think. Es lässt sich von rechts und links verbinden. *Ṯā‘* hat drei Punkte oberhalb des Buchstabens, was es von den anderen Buchstaben der Gruppe ث ت ب unterscheidet, die dasselbe Basismuster haben. Isoliert wird *Ṯā’* wie eine flache Schale von rechts nach links geschrieben, anschließend werden drei Punkte darüber gesetzt:

Schreiben Sie bitte den Buchstaben in die freien Zeilen:

Hier geht's los.

ث ث ث ث

ث

ث

Ṯā’ in der Anfangs-, Mittel- und Endposition

Schreiben Sie bitte die Beispielwörter in die freien Felder:

Ende	Mitte	Anfang
ـث	ـثـ	ثـ
حَديث	مِثال	ثَمَر

ث

Ǧīm entspricht dem dsch im Deutschen. Es lässt sich von rechts und von links verbinden. *Ǧīm* ist ein Buchstabe aus der Gruppe خ ح ج. Isoliert besteht *Ǧīm* aus einem kurzen horizontalen Strich und einem nach rechts offenen Halbkreis; Unterscheidungsmerkmal ist der Punkt unterhalb des Buchstabens.

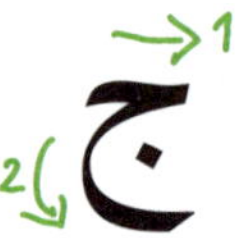

Schreiben Sie bitte den Buchstaben in die freien Zeilen:

Hier geht's los.

ج ج ج ج

ج

ج

Ǧīm in der Anfangs-, Mittel- und Endposition

Schreiben Sie bitte die Beispielwörter in die freien Felder:

Ende	Mitte	Anfang
ـج	ـجـ	جـ
أريج	مَجال	جَمَل

ج

Ḥā' entspricht einem gepressten h im Deutschen und ist ein typischer Laut für die semitischen Sprachen. Es gibt keine Lautentsprechung in den indogermanischen Sprachen. *Ḥā'* lässt sich beim Schreiben von rechts und links verbinden und ist ein Buchstabe aus der Gruppe خ ح ج. Isoliert besteht *Ḥā'* aus einem kurzen horizontalen Strich und einem nach rechts offenen Halbkreis. *Ḥā'* hat keinen Punkt.

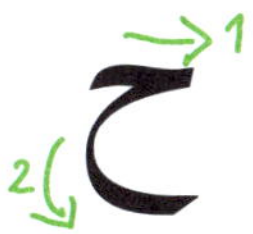

Schreiben Sie bitte den Buchstaben in die freien Zeilen:

Hier geht's los.

ح ح ح ح

ح

ح

Ḥā' in der Anfangs-, Mittel- und Endposition

Schreiben Sie bitte die Beispielwörter in die freien Felder:

Ende	Mitte	Anfang
ـح	ـحـ	حـ
ريح	أَريحا	حَمَل

ح

Ḫā’ wird hart gesprochen, wie in *ach*, *doch* oder *nach*. *Ḫā’* lässt sich beim Schreiben von rechts und links verbinden und ist ein Buchstabe aus der Gruppe خ ح ج. Isoliert besteht *Ḫā’* aus einem kurzen horizontalen Strich und einen Halbkreis, der nach rechts offen ist. *Ḫā’* hat einen Punkt oberhalb des horizontalen Strichs.

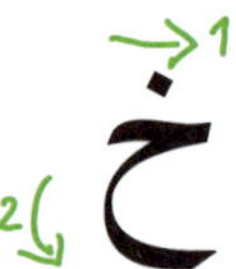

Schreiben Sie bitte den Buchstaben in die freien Zeilen: Hier geht's los.

خ خ خ خ

خ

خ

Ḫā’ in der Anfangs-, Mittel- und Endposition

Schreiben Sie bitte die Beispielwörter in die freien Felder:

Ende	Mitte	Anfang	
ـخ	ـخـ	خـ	خ
مَرّيخ	مَخْبَز	خُبْز	

Dāl lässt sich beim Schreiben ausschließlich von rechts verbinden und ist ein Buchstabe der Gruppe ذ د, die dasselbe Basismuster hat. Isoliert besteht *Dāl* aus einem senkrechten, leicht nach rechts geneigten Strich, der dann eckig nach links gezogen wird. *Dāl* hat keine Punkte und verändert seine Form im Wort nicht.

Schreiben Sie bitte den Buchstaben in die freien Zeilen:

Hier geht's los.

د د د د

د

د

Dāl in der Anfangs-, Mittel- und Endposition

Schreiben Sie bitte die Beispielwörter in die freien Felder:

Ende	Mitte	Anfang
ـد	ـد	د
وَعْد	مَدْخَل	دار

د

D̠āl lässt sich beim Schreiben ausschließlich von rechts verbinden und ist ein Buchstabe der Gruppe ذ د, die dasselbe Basismuster hat. Isoliert besteht *D̠āl* aus einem senkrechten, leicht nach rechts geneigten Strich, der dann eckig nach links gezogen wird. *D̠āl* hat oben einen Punkt. *D̠āl* wird stimmhaft gesprochen wie im englischen *the* oder *there*.

Schreiben Sie bitte den Buchstaben in die freien Zeilen:

Hier geht's los.

ذ ذ ذ ذ

ذ

ذ

D̠āl in der Anfangs-, Mittel- und Endposition

Schreiben Sie bitte die Beispielwörter in die freien Felder:

Ende	Mitte	Anfang	
ـذ	ـذـ	ذ	ذ
نَبيذ	مَذْبَح	ذَنَب	

Rā' lässt sich beim Schreiben ausschließlich von rechts verbinden. *Rā'* ist ein „Zungen-r" und ein Buchstabe der Gruppe ز ر, die dasselbe Basismuster hat. *Rā'* schreibt sich wie ein Halbmond von oben nach unten und hat keine Punkte.

Schreiben Sie bitte den Buchstaben in die freien Zeilen:

Hier geht's los.

ر ر ر ر

ر

ر

Rā' in der Anfangs-, Mittel- und Endposition

Schreiben Sie bitte die Beispielwörter in die freien Felder:

Ende	Mitte	Anfang
ـر	ـر	ر
نَهْر	مَريض	رَأْس

ر

Zāy oder *Zain* lässt sich beim Schreiben ausschließlich von rechts verbinden. *Zāy* ist ein stimmhafter summender Laut und ein Buchstabe der Gruppe ر ز, die dasselbe Basismuster hat. *Zāy* schreibt sich wie ein Halbmond von oben nach unten und hat oben einen Punkt.

Schreiben Sie bitte den Buchstaben in die freien Zeilen:

Hier geht's los.

ز ز ز ز

ز

ز

Zāy in der Anfangs-, Mittel- und Endposition

Schreiben Sie bitte die Beispielwörter in die freien Felder:

Ende	Mitte	Anfang
ـز	ـز	ز
عَزيز	جَزَر	زَوْج

ز

Sīn lässt sich beim Schreiben von rechts und von links verbinden, ist stimmlos und ein Buchstabe aus der Gruppe س ش. Isoliert besteht *Sīn* aus drei Halbkreisen, die nach oben offen sind: zwei kleine am Anfang und ein großer Halbkreis am Ende. *Sīn* hat keine Punkte. Wenn es verbunden wird, zeichnet man die beiden kleinen Halbkreise, und der große Halbkreis geht verloren.

Schreiben Sie bitte den Buchstaben in die freien Zeilen:

Hier geht's los.

س س س س

س

س

Sīn in der Anfangs-, Mittel- und Endposition

Schreiben Sie bitte die Beispielwörter in die freien Felder:

Ende	Mitte	Anfang
ـس	ـسـ	سـ
تونِس	مَسْبَح	سوق

س

Šīn lässt sich beim Schreiben von rechts und von links verbinden und ist ein Buchstabe aus der Gruppe ش س . Isoliert besteht *Šīn* aus drei Halbkreisen, die nach oben offen sind: zwei kleine am Anfang und ein großer Halbkreis am Ende. *Šīn* hat drei im Dreieck angeordnete Punkte. Wenn *Šīn* verbunden wird, schreibt man die beiden kleinen Halbkreise und der große Halbkreis geht verloren.

Schreiben Sie bitte den Buchstaben in die freien Zeilen: Hier geht's los.

ش ش ش ش

ش

ش

Šīn in der Anfangs-, Mittel- und Endposition

Schreiben Sie bitte die Beispielwörter in die freien Felder:

Ende	Mitte	Anfang
ـش	ـشـ	شـ
ريش	بَشِع	شام

Ṣād lässt sich beim Schreiben von rechts und von links verbinden und ist ein emphatischer stimmloser Laut. Im Deutschen gibt es keinen gleichwertigen Laut. Am nächsten kommt ihm das scharfe ß, doch man spricht *Ṣād* mit mehr Druck hinten auf der Zunge aus. *Ṣād* ist ein Buchstabe aus der Gruppe ص ض . Isoliert besteht *Ṣād* aus einem Oval am Anfang und einen Halbkreis, der nach oben offen ist. *Ṣād* hat keine Punkte und wenn es verbunden wird, verliert es seinen großen Halbkreis.

Schreiben Sie bitte den Buchstaben in die freien Zeilen:

Hier geht's los.

ص ص ص ص

ص

ص

Ṣād in der Anfangs-, Mittel- und Endposition

Schreiben Sie bitte die Beispielwörter in die freien Felder:

Ende	Mitte	Anfang
ـص	ـصـ	صـ
لِص	عَصا	صَديق

ص

Ḍād lässt sich beim Schreiben von rechts und von links verbinden und ist ein emphatischer stimmhafter Laut. Man spricht *Ḍād* mit viel Druck hinten auf der Zunge aus. Im Deutschen gibt es keinen gleichwertigen Laut. *Ḍād* ist ein Buchstabe aus der Gruppe ص ض. Isoliert besteht *Ḍād* aus einem Oval am Anfang und einem Halbkreis, der nach oben offen ist. Außerdem hat *Ḍād* einen Punkt auf dem ovalen Teil. Wenn es verbunden wird, verliert es seinen großen Halbkreis.

Schreiben Sie bitte den Buchstaben in die freien Zeilen:

Hier geht's los.

ض ض ض ض

ض

ض

Ḍād in der Anfangs-, Mittel- und Endposition

Schreiben Sie bitte die Beispielwörter in die freien Felder:

Ende	Mitte	Anfang	
ـض	ـضـ	ضـ	ض
فَرْض	مَضْرِب	ضَغْط	

Ṭo lässt sich beim Schreiben von rechts und von links verbinden und ist ein emphatischer Laut. Man spricht Ṭo mit viel Druck hinten auf der Zunge aus. Im Deutschen gibt es keinen gleichwertigen Laut.
Ṭo ist ein Buchstabe aus der Gruppe ظ ط . Isoliert besteht Ṭo aus einem Oval am Anfang und einem darauf stehenden senkrechten Strich. Es hat keine Punkte und behält während des Verbindens im Wort seine Form.

Schreiben Sie bitte den Buchstaben in die freien Zeilen:

Hier geht's los.

ط ط ط ط

ط

ط

Ṭo in der Anfangs-, Mittel- und Endposition

Schreiben Sie bitte die Beispielwörter in die freien Felder:

Ende	Mitte	Anfang
ـط	ـطـ	طـ
بَط	مَطْبَخ	طِفْل

ط

Ẓo lässt sich beim Schreiben von rechts und von links verbinden und ist ein emphatischer stimmhafter Laut. Man spricht Ẓo mit viel Druck hinten auf der Zunge aus. Im Deutschen gibt es keinen gleichwertigen Laut. Ẓo ist ein Buchstabe aus der Gruppe ط ظ. Isoliert besteht Ẓo aus einem Oval am Anfang und einem darauf stehenden senkrechten Strich. Der Buchstabe hat einen Punkt und behält auch verbunden seine Form.

Schreiben Sie bitte den Buchstaben in die freien Zeilen:

Hier geht's los.

ظ ظ ظ ظ

ظ

ظ

Ẓo in der Anfangs-, Mittel- und Endposition

Schreiben Sie bitte die Beispielwörter in die freien Felder:

Ende	Mitte	Anfang	
ـظ	ـظـ	ظـ	ظ
غَليظ	فَظيع	ظَرْف	

ᶜ*Ain* [1] ist ein Konsonant und lässt sich beim Schreiben von rechts und von links verbinden. ᶜ*Ain* ist ein Würgelaut, ein gepresstes *a*, und ein typischer Laut der semitischen Sprachen. Für Nicht-Araber ist ᶜ*Ain* anfangs schwierig auszusprechen und zu verstehen. Im Deutschen gibt es keinen gleichwertigen Laut. ᶜ*Ain* gehört zur Gruppe غ ع. Isoliert besteht es aus einem kleinen und einem großen Halbkreis, beide nach rechts geöffnet. ᶜ*Ain* hat keinen Punkt und verändert sich je nach Position im Wort.

Schreiben Sie bitte den Buchstaben in die freien Zeilen:

Hier geht's los.

ع ع ع ع

ع

ع

ᶜ*Ain* in der Anfangs-, Mittel- und Endposition

Schreiben Sie bitte die Beispielwörter in die freien Felder:

Ende	Mitte	Anfang
ـع	ـعـ	عـ
مَع	فِعْل	عود

ع

1 ᶜ*Ain* wird in den sozialen Medien mit der Zahl 3 transkribiert: *3ain*. Beispiele: *3ala* – auf, *sa3a* – Uhr.

Ġain ist ein Konsonant und lässt sich beim Schreiben von rechts und von links verbinden. *Ġain* ist ein uvularer Laut, der im Deutschen auf der Lautebene dem Gaumenzäpfchen-r entspricht. *Ġain* ist ein Buchstabe aus der Gruppe غ ع. Isoliert besteht es aus einem kleinen und einem großen Halbkreis, beide nach rechts geöffnet. *Ġain* hat oben einen Punkt und verändert sich je nach Position im Wort.

Schreiben Sie bitte den Buchstaben in die freien Zeilen: Hier geht's los.

غ غ غ غ

غ

غ

Ġain in der Anfangs-, Mittel- und Endposition

Schreiben Sie bitte die Beispielwörter in die freien Felder:

Ende	Mitte	Anfang	
ـغ	ـغـ	غـ	غ
صَمْغ	صَغير	غَزَل	

Fā' ist ein Konsonant und lässt sich beim Schreiben von rechts und von links verbinden. *Fā'* ist unproblematisch in der Aussprache, entspricht dem deutschen f und ist ein Buchstabe aus der Gruppe ف ق. Isoliert besteht *Fā'* aus einem kleinen Kreis, der mit einer flachen Schale verbunden ist. *Fā'* hat oben einen Punkt und behält beim Verbinden seinen Kreis.

Schreiben Sie bitte den Buchstaben in die freien Zeilen:

Hier geht's los.

ف ف ف ف

ف

ف

Fā in der Anfangs-, Mittel- und Endposition

Schreiben Sie bitte die Beispielwörter in die freien Felder:

Ende	Mitte	Anfang
ـف	ـفـ	فـ
ريف	مُفيد	في

ف

Qāf ist ein emphatischer Konsonant und lässt sich beim Schreiben von rechts und von links verbinden. *Qāf* wird am weichen Gaumen gebildet und ist ein Buchstabe aus der Gruppe ق ف . Isoliert besteht *Qāf* aus einem kleinen Kreis, der mit einer tiefen Schale verbunden ist. *Qāf* hat zwei Punkte oberhalb vom Kreis und behält beim Verbinden den Kreis und die zwei Punkte.

Schreiben Sie bitte den Buchstaben in die freien Zeilen:

Hier geht's los.

ق ق ق ق

ق

ق

Qāf in der Anfangs-, Mittel- und Endposition

Schreiben Sie bitte die Beispielwörter in die freien Felder:

Ende	Mitte	Anfang	
ـق	ـقـ	قـ	ق
إبْريق	فَقير	قَلْب	

Kāf ist ein Konsonant und lässt sich beim Schreiben von rechts und von links verbinden. *Kāf* ist unproblematisch in der Aussprache. In der Schrift verändert es seine Form am Anfang und in der Mitte des Wortes, nimmt aber am Ende des Wortes wieder die Ursprungsform an. Isoliert besteht *Kāf* aus einem senkrechten Strich, der mit einer flachen Schale nach links verbunden wird. In der Mitte fügt man ein S-förmiges Zeichen hinzu.

Schreiben Sie bitte den Buchstaben in die freien Zeilen:

Hier geht's los.

ك ك ك ك

ك

ك

Kāf in der Anfangs-, Mittel- und Endposition

Schreiben Sie bitte die Beispielwörter in die freien Felder:

Ende	Mitte	Anfang
ـك	ـكـ	كـ
سَمَك	مُمْكِن	كُل

Lām ist ein Konsonant und lässt sich beim Schreiben von rechts und von links verbinden. Anfänger verwechseln das *Lām* leicht mit dem *Alif*, da beide aus einem senkrechten Strich bestehen. Der Unterschied ist aber, dass das *Lām* im Gegensatz zum *Alif* von der linken Seite verbunden wird. Nach dem *Alif* muss man neu ansetzen. Isoliert besteht *Lām* aus einem senkrechten Strich, der mit einer runden Schale nach links verbunden wird.

Schreiben Sie bitte den Buchstaben in die freien Zeilen:

Hier geht's los.

ل ل ل ل

ل

ل

Lām in der Anfangs-, Mittel- und Endposition

Schreiben Sie bitte die Beispielwörter in die freien Felder:

Ende	Mitte	Anfang
ـل	ـلـ	لـ
فيل	بَلَد	لَبَن

ل

Mīm ist ein Konsonant und lässt sich beim Schreiben von rechts und von links verbinden.
Isoliert besteht *Mīm* aus einem kleinen Kreis, der mit einem Strich nach unten verbunden ist.

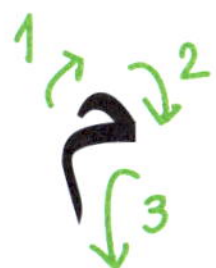

Schreiben Sie bitte den Buchstaben in die freien Zeilen:

Hier geht's los.

م م م م

م

م

Mīm in der Anfangs-, Mittel- und Endposition

Schreiben Sie bitte die Beispielwörter in die freien Felder:

Ende	Mitte	Anfang
ـم	ـمـ	مـ
ريم	لَيْمون	مَلْعَب

م

Nūn ist ein Konsonant und lässt sich beim Schreiben von rechts und von links verbinden. Isoliert besteht *Nūn* aus einer tiefen Schale mit einem Punkt darauf. Der Punkt ist sein Unterscheidungsmerkmal zu den anderen Buchstaben.

Schreiben Sie bitte den Buchstaben in die freien Zeilen:

Hier geht's los.

ن ن ن ن

ن

ن

Nūn in der Anfangs-, Mittel- und Endposition

Schreiben Sie bitte die Beispielwörter in die freien Felder:

Ende	Mitte	Anfang
ـن	ـنـ	نـ
مَن	مَنْظَر	نادي

ن

Hā' ist ein Konsonant und lässt sich beim Schreiben von rechts und von links verbinden. In der Schrift verändert es sich je nach Position im Wort sehr. Isoliert besteht *Hā'* aus einem einfachen Kreis. Am Anfang eines Wortes sieht *Hā'* wie zwei ineinander verschlungene Kreise aus, in der Mittelposition wie eine 8 und am Wortende wie eine 9.

Schreiben Sie bitte den Buchstaben in die freien Zeilen:

Hier geht's los.

ه ه ه ه

ه

ه

Hā' in der Anfangs-, Mittel- und Endposition

Schreiben Sie bitte die Beispielwörter in die freien Felder:

Ende	Mitte	Anfang
ـه	ـهـ	هـ
وَجْه	فَهْد	هِيَ

ه

Wāw ist einer der drei Vokale und lässt sich nur von rechts verbinden. Isoliert besteht es aus einem kleinen Kreis, dessen Linie zu einem Halbmond ausgedehnt wird. *Wāw* behält seine Form in allen Positionen im Wort bei.

Schreiben Sie bitte den Buchstaben in die freien Zeilen:

Hier geht's los.

و و و و

و

و

Wāw in der Anfangs-, Mittel- und Endposition

Schreiben Sie bitte die Beispielwörter in die freien Felder:

Ende	Mitte	Anfang
ـو	ـو	و
أبو	لَوْز	وَزير

Yā' ist einer der drei Vokale und lässt sich von rechts und von links verbinden. Isoliert sieht *Yā'* wie eine Ente mit zwei Füßchen aus. Am Anfang und in der Mitte des Wortes verliert *Yā'* die Entenform, nimmt sie aber am Ende des Wortes wieder an. Sein Unterscheidungsmerkmal sind die zwei Punkte unten.

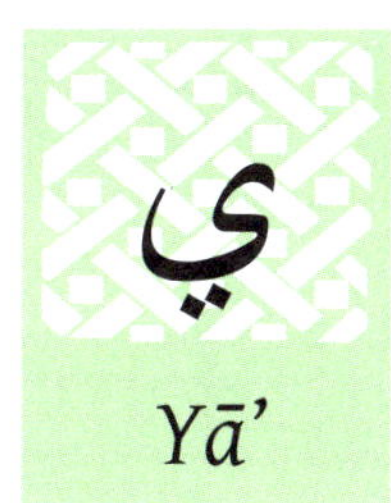

Schreiben Sie bitte den Buchstaben in die freien Zeilen:

Hier geht's los.

ي ي ي ي

ي

ي

Yā' in der Anfangs-, Mittel- und Endposition

Schreiben Sie bitte die Beispielwörter in die freien Felder:

Ende	Mitte	Anfang
ـي	ـيـ	يـ
ظَبي	عيد	يا

ي

Buchstabenvarianten

ء آ لا ة ى

Die in diesem Abschnitt beschriebenen Zeichen sind keine selbstständigen Buchstaben, sondern Varianten oder Ergänzungen anderer Buchstaben.

Hamza[1] ist das Zeichen für den Glottisschlag, auch Glottisverschluss genannt. Der Glottisschlag ist ein häufig vokommender Stopplaut in der arabischen Sprache, der schriftlich durch das Zeichen ء *(Hamza)* dargestellt wird. *Hamza* entspricht in der Lautsprache einem abrupten Stopp, ähnlich wie in folgenden deutschen Wörtern:

unangenehm	un|angenehm
beenden	be|enden
bearbeiten	be|arbeiten

Das *Hamza* wird von den Vokalen ا و ي „getragen" (so würde man im Arabischen sagen). Wenn das *Hamza* auf einen lang gesprochenen Vokal folgt, steht es allein – als wäre es ein selbstständiger Buchstabe. In der Regel wird *Hamza* als Apostroph (') transkribiert, aber in den sozialen Medien wird die Transkription mit der Zahl *2* zunehmend populärer. In diesem Buch werden beide Varianten verwendet. Zum Beispiel: Das Wort *mu2tamar* kann als *mu'tamar* oder als *mu2tamar* transkribiert werden, aber niemals als *mutamar*.

مُؤتَمَر
mu'tamar
Konferenz

1 Ein zweites *Hamza*, Verbindungs-*Hamza* genannt, kommt ausschließlich am Anfang des Wortes vor und ist das Gegenteil des Stopp-*Hamza*. Es kennzeichnet einen weichen Wortanfang. Außerdem wird das *Hamza* verwendet, um die Verbindung zweier Wörter ohne Sprechpause dazwischen anzuzeigen, wenn beispielsweise zwei Vokale aufeinandertreffen oder das zweite Wort mit dem arabischen Artikel *al* beginnt. Das Verbindungs-Hamza wird in der Regel als ا geschrieben, ohne das ء daraufzusetzen. Manchmal findet man das Hamza als Kombination von Alif mit einem Zeichen darüber:

„Sohn": Wird eher *bn* ausgesprochen, nicht *ibn*. — ابْن

„Wie ist dein Name?": Wird *ma smuka* ausgesprochen, nicht *ma ismuka*. — ما اسْمُكَ؟

Hamza in Initialposition: immer nur mit *Alif*

إِ	أُ	أَ
إِنْسان	أُم	أَسَدْ
insān	*umm*	*asad*
Mensch	Mutter	Löwe

Hamza in Mittelposition: Es kann von ا و ي „getragen" werden.

Achtung: Das ي verliert dabei seine Punkte.

مَرأَة *mar'a* Frau	فَأْر *fa'r* Maus	رَأْس *ra's* Kopf	ا
مُؤْتَمَر *mu'tamar* Konferenz	سُؤال *su'āl* Frage	رُؤُوس *ru'ūs* Köpfe	و
مِئَة *mi'a* Hundert	زائِد *za'id* Plus	بِئْر *bi'r* Brunnen	ي

Hamza steht immer alleine nach einem langen Vokal, als wäre es ein selbstständiger Buchstabe. Zum Beispiel:

tafā'ala
optimistisch denken

murū'a
Tugend

Hamza in Finalposition: Es steht in der Regel alleine, als wäre es ein selbstständiger Buchstabe.

Luft	هَواء	*hawā'*
Wasser	ماء	*mā'*
Licht	ضوء	*ḍū'*
Asyl	لُجوء	*luğū'*
Etwas	شَيْء	*šai'*
Speiseröhre	مَرِّيء	*marrī'*
Wärme	دِفْء	*dif'*

Madda ist ein Zeichen, das wie eine Tilde aussieht und der Aussprache eines langen Alif dient. *Madda* steht nie allein, sondern wird immer auf ein Alif am Anfang und in der Mitte des Wortes aufgesetzt.

Madda in der Anfangsposition:

Amen	آمين	*āmīn*
Relikte	آثار	*āṯār*
Letzter	آخِر	*āḫir*
Tausende	آلاف	*ālāf*
Adam	آدَم	*ādam*
August	آب	*āb*

Madda in der Mittelposition:

der Koran	القُرْآن	*al-qur'ān*
Minarette	مَآذِن	*ma'āḏen*
Tragödien	مَآسي	*ma'āsi*
Spiegel	مِرْآة	*mir'ā(t)*
jetzt	الآن	*al-ān*
Depression	كآبة	*ka'āba(t)*

Lām-alif wird aus den Buchstaben *Lām* und *Alif* gebildet, indem man das *Alif* schräg ins *Lām* hineinsetzt:

Nach *Lām-Alif* setzt man im Wort immer neu an, denn das *Alif* darf man von links nicht verbinden – Alif ist in dieser Verbindung der zweite Buchstabe (siehe Abbildung). Dies gilt auch, wenn das *Alif* mit einem *Hamza* oder *Madda* versehen ist:

nein	لا	*lā*
Medien	الإِعْلام	*al-i^{c}lām*
der Vater	الأَب	*al-ab*
die Mutter	الأُمّ	*al-umm*
die Unabhängigkeit	الإِسْتِقْلال	*al-istiqlāl*
Frieden	سَلام	*salām*
Länder	بِلاد	*bilād*
Löffel	مَلاعِق	*malā^{c}eq*
Bauer	فَلّاح	*fallāḥ*

Tā' marbūta ist ein Zusatzzeichen der arabischen Schrift, das jedoch nicht zum Alphabet gezählt wird. Es dient in der arabischen Sprache der Bezeichnung von Wörtern mit femininem Genus und tritt nur am Wortende auf. Wenn das Wort auf *Tā' marbūta* endet, spricht man es nicht aus, sondern nur den Laut *a*. Folgt auf das *Tā' marbūta* noch ein Suffix oder eine Genitiv-Verbindung, dann wird *Tā' marbūta* als *Tā'* ausgesprochen.

جامِعة	مَدينَة	هَوِيَّة	وَرْدَة
ǧāmiᶜa(t)	*madīna(t)*	*hawīya(t)*	*warda(t)*
Uni	Stadt	Ausweis	Rose

جامِعة بَيْروت	مَدينَة هامبورغ
ǧāmiᶜat Beirūt	*madīnat Hamburg*
Uni Beirut	Stadt Hamburg

هَوِيَّتي	وَرْدَتي
hawīyati	*wardati*
mein Ausweis	meine Rose

Alif maqsūra ist ein Zusatzzeichen in der arabischen Schrift, das jedoch nicht zum Alphabet zählt. Es wird wie ein *Yā'*, aber ohne Punkte geschrieben und wie ein *Alif* ausgesprochen. Es steht immer am Ende eines Wortes.

Wörter mit *Alif maqsūra*

auf	عَلى	*ᶜalā*
wann?	مَتى؟	*matā*
Issa (Männername)	عيسى	*ᶜissā*
Moses	موسى	*mūsā*
Layla	لَيْلى	*lailā*
Muna (Frauenname)	مُنى	*munā*
Marmelade	مُرَبّى	*murabbā*
Krankenhaus	مُسْتَشْفى	*mustašfā*
Musik	موسيقى	*mūsīqā*
Stock (z. B. aus Holz)	عَصى	*ᶜaṣā*
weiblich oder Weibchen	أُنْثى	*untā*

Emphatische Laute und ihre nicht-emphatischen Gegenstücke

Emphatische Laute sind mit Nachdruck gesprochene Konsonanten, die sich von ihren nicht-emphatischen Gegenstücken dadurch unterscheiden, dass sie weiter hinten im Mund erzeugt werden, mit mehr Druck gegen den Gaumen. Sie bewirken, dass der begleitende Vokal /a/ im selben Wort tiefer und offener klingt. *Alif*, das normalerweise wie *ä* ausgesprochen wird, klingt dann wie das *a*.

Emphatische Laute und ihre nicht-emphatischen Gegenstücke:

Emphatischer Laut	Nicht-emphatisches Gegenstück
ص	س
ض	د
ط	ت
ظ	ذ
ق	ك

In den folgenden Tabellen werden die emphatischen Laute und ihre Gegenstücke gegenübergestellt.

ص - س

Ende		Mitte		Anfang	
ـس	ـص	ـسـ	ـصـ	سـ	صـ
كِلْس	فَحْص	حِساب	عَصير	سَيَّارة	صَيَّاد
kils	*faḥṣ*	*ḥisāb*	*ʿaṣīr*	*saiyāra(t)*	*ṣaiyād*
Kalk	Untersuchung	Konto	Saft	Auto	Fischer

ض - د

Ende		Mitte		Anfang	
ـد	ـض	ـد	ـضـ	د	ضـ
واحَد	مَريض	تَدْريب	تَضْحِية	دار	ضابِط
wāḥad	*marīḍ*	*tadrīb*	*taḍḥiya(t)*	*dār*	*ḍābit*
eins	krank	Training	Opfer	Haus	Offizier

ط - ت

Ende		Mitte		Anfang	
ـت	ـط	ـتـ	ـطـ	تـ	طـ
تَحْت	خَليط	سِتَّة	مَطْبَعة	تاسِع	طابِق
taḥt	*ḫalīṭ*	*sitta(t)*	*maṭbaᶜa(t)*	*tāsiᶜ*	*ṭābiq*
Bett	Mischung	sechs	Druckerei	neunter	Etage

ظ - ذ

Ende		Mitte		Anfang	
ـذ	ـظ	ـذ	ـظـ	ذ	ظـ
لَذيذ	حَظ	تَذْكَرة	نَظيف	ذَهَب	ظُلْم
laḏīḏ	*ḥaẓ*	*taḏkara(t)*	*naẓīf*	*ḏahab*	*ẓulm*
köstlich	Glück	Ticket	sauber	Gold	Ungerechtigkeit

ق - ك

Ende		Mitte		Anfang	
ـك	ـق	ـكـ	ـقـ	كـ	قـ
مَلِك	حَق	مَكان	ثَقافة	كَلب	قَلب
malik	*ḥaq*	*makān*	*ṯaqāfa*	*kalb*	*qalb*
König	Recht	Ort	Bildung	Hund	Herz

Vokalisierungs- und Hilfszeichen

Al-ḥarakāt

Die *Al-harakāt* genannten Vokalisierungszeichen sind Ersatzzeichen für kurzgesprochene Vokale, Auslassungszeichen für Vokale oder Betonungszeichen. Sie haben zwei Funktionen.
Die Vokalisierungszeichen, die am Anfang und mitten im Wort vorkommen verdeutlichen und vereinfachen die Aussprache eines Wortes. Gerade für das Lernen von Arabisch ist ihre Verwendung unentbehrlich.
Die Vokalisierungszeichen, die am Ende des Wortes stehen, zeigen die grammatische Funktion des Wortes im Satz an.

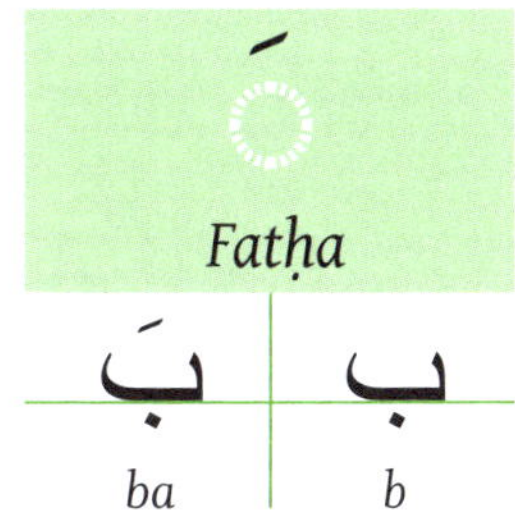

Fatḥa ist ein Schrägstrich, der immer über einem Buchstaben geschrieben wird und ein kurzes *a* ersetzt. Der gestrichelte Kreis ist Platzhalter für einen Buchstaben, über dem das *Fatḥa* steht. Man spricht nun den Buchstaben, gefolgt von einem kurzen *a*, wie im Beispiel.

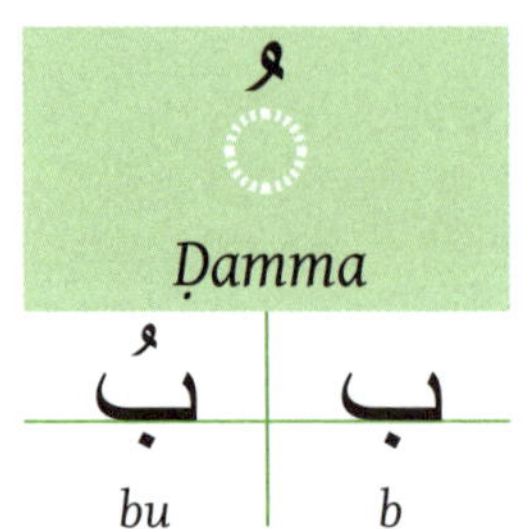

Ḍamma ist ein kleines و, das immer über einem Buchstaben geschrieben wird und ein kurzes *u* ersetzt. Der gestrichelte Kreis ist Platzhalter für einen Buchstaben, über dem das *Ḍamma* steht. Man spricht nun den Buchstaben, gefolgt von einem kurzen *u*, wie im Beispiel.

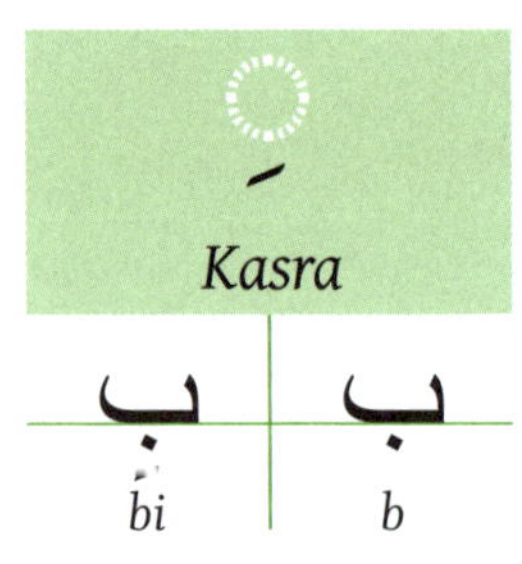

Kasra ist ein Schrägstrich, der immer unter einem Buchstaben geschrieben wird und ein kurzes *i* ersetzt. Der gestrichelte Kreis ist Platzhalter für einen Buchstaben, unter dem das *Kasra* steht. Man spricht nun den Buchstaben, gefolgt von einem kurzen *i*, wie im Beispiel.

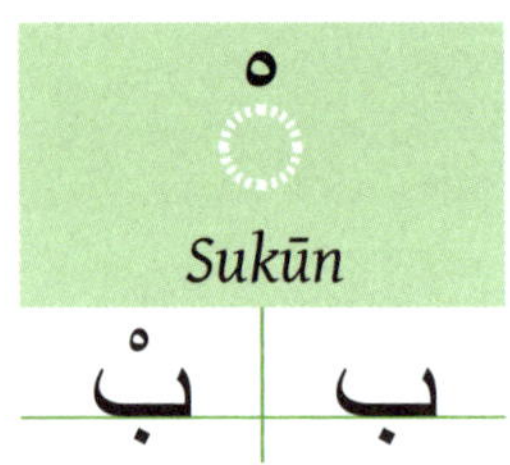

Sukūn ist ein kleiner Kreis, der immer über einem Buchstaben geschrieben wird und als Auslassungszeichen dient. Dem Buchstaben mit *Sukūn* folgt *kein* Vokal.

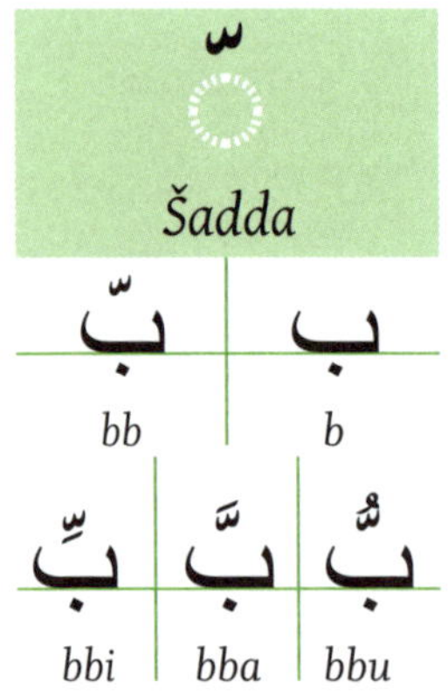

Šadda sieht wie ein kleines *w* aus und wird immer über einem Buchstaben geschrieben. Es ist das Hilfszeichen für die Betonung des Lautes. In der arabischen Sprache kann man bei einer Betonung in der Regel nicht den Buchstaben verdoppeln. Stattdessen schreibt man ein *Šadda*.

Auch nach einer Betonung kann ein kurzer Vokal folgen. Dann werden zwei Zeichen über den Buchstaben geschrieben – wie im nebenstehenden Beispiel.

Tanwīn bezeichnet zwei kurze Vokalzeichen am Ende eines unbestimmten Nomens. Sie werden als an, en oder on gelesen. Sie zeigen die grammatischen Fälle (Genera) an:

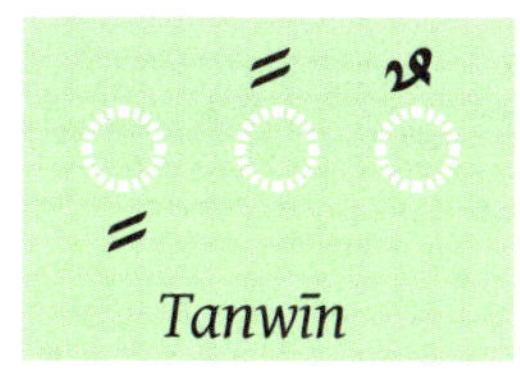

Position	Aussprache	Bezeichnung	Genus
◌ٌ	on	*tanwīn ḍamm*	Nominativ
◌ً	an	*tanwīn fatḥ*	Akkusativ
◌ٍ	en	*tanwīn kasr*	Genitiv und Dativ

Beispiele:

ein Mann	*rağulon*	رَجُلٌ
Danke	*šukran*	شُكْراً
einem Buch	*kitāben*	كتابٍ

Übersicht über die Vokalisierungs- und Hilfszeichen

◌ٍ	◌ً	◌ٌ	◌ّ	◌ْ	◌ِ	◌ُ	◌َ
تَنْوين كَسْر	تَنْوين فَتْح	تَنْوين ضَمّ	شَدَّة	سُكُونْ	كَسْرَة	ضَمَّة	فَتْحَة
tanwīn kasr	*tanwīn fatḥ*	*tanwīn ḍamm*	*šadda*	*sukūn*	*kasra*	*ḍamma*	*fatḥa*
كٍ	كاً	كٌ	كّ	كْ	كِ	كُ	كَ
مٍ	ماً	مٌ	مّ	مْ	مِ	مُ	مَ

Lese-Schreibübung

Identifizieren Sie bitte die Buchstaben mit *Ḍamma*, *Fatḥa* und *Kasra* und ordnen Sie sie in die passende Spalte der Tabelle ein:

نَ ثِ مُ فُ خِ جَ كُ سُ بِ ذُ طَ يَ حِ

شُ هَ صَ قِ رُ صُ تَ ثِ مَ يُ نِ شَ

ضُ زَ هِ خُ طُ لِ يَ سِ

Buchstaben mit *Kasra*	Buchstaben mit *Ḍamma*	Buchstaben mit *Fatḥa*

Lese-Schreibübung

Ordnen Sie bitte die Wörter mit den *Tanwīn*-Zeichen in die passende Spalte ein:

وَلَدٌ	جَريدَةٍ	سَعيداً	شَيْءٌ
قِصَّةً	مُهِمٌّ	شُكْراً	مَدينَةٌ
بَلَدٍ	أيْضاً	ذَكيٌّ	دَرّاجَةٍ
أهْلاً	مُعَلّمٌ	عَفْواً	سَيّارَةٍ
عيداً	كُرَةٌ	حَبيبٌ	مِهْنَةٌ
طَبيبٌ	وَزيرٍ	زَميلٌ	بِنْتاً

Tanwīn kasr	*Tanwīn ḍamm*	*Tanwīn fatḥ*

Der Artikel im Arabischen

Es gibt nur einen einzigen Artikel: ال

Das ist der bestimmte Artikel für männlich und weiblich, Singular und Plural. Einen unbestimmten Artikel gibt es nicht.

Im Arabischen gibt es nur den bestimmten Artikel *al*, der einem Nomen vorangestellt und mit ihm verbunden wird. Unbestimmte Artikel gibt es nicht.
Der Artikel *al* wird immer geschrieben, aber das *l* von *al* nicht immer ausgesprochen. Wann wird das *l* ausgesprochen und wann nicht? – Das hängt vom ersten Buchstaben eines Wortes ab.
Ist es ein *Mondbuchstabe*, so wird *al* gesprochen.
Ist es ein *Sonnenbuchstabe*, so wird nur *a* gesprochen.

Mondbuchstaben

Bedeutung	Wort mit Artikel	Wort ohne Artikel	Mondbuchstabe
Mutter – die Mutter	الأم *al-umm*	أم *umm*	ا
Junge – der Junge	الوَلَد *al-walad*	وَلَد *walad*	و
Hand – die Hand	اليَد *al-yad*	يَد *yad*	ي
Mädchen – das Mädchen	البِنْت *al-bint*	بِنْت *bint*	ب
Berg – der Berg	الجَبَل *al- ğabal*	جَبَل *ğabal*	ج

Bedeutung	Wort mit Artikel	Wort ohne Artikel	Mondbuchstabe
Liebe – die Liebe	الحُب *al-ḥobb*	حُب *ḥobb*	ح
Brot – das Brot	الخُبْز *al- ḫubz*	خُبْز *ḫubz*	خ
Auge – das Auge	العَيْن *al-ᶜain*	عَيْن *ᶜain*	ع
Wolke – dic Wolke	الغَيْمة *al- ġaima*	غَيْمة *ġaima*	غ
Elefant – der Elefant	الفيل *al-fīl*	فيل *fīl*	ف
Mond – der Mond	القَمَر *al-qamar*	قَمَر *qamar*	ق
Buch – das Buch	الكِتاب *al-kitāb*	كِتاب *kitāb*	ك
Musik – die Musik	الموسيقى *al-mūsīqā*	موسيقى *mūsīqā*	م
Geschenk – das Geschenk	الهَدِيَّة *al-hadīya*	هَدِيَّة *hadīya*	ه

Sonnenbuchstaben

Bedeutung	Wort mit Artikel	Wort ohne Artikel	Sonnenbuchstabe
Apfel – der Apfel	التُّفَّاحَة *at-tuffaḥa*	تُفَّاحَة *tuffaḥa*	ت
Schnee – der Schnee	الثَّلْج *aṯ-ṯalǧ*	ثَلْج *ṯalǧ*	ث
Haus – das Haus	الدّار *ad-dār*	دار *dār*	د
Gold – das Gold	الذَّهَب *aḏ-ḏahab*	ذَهَب *ḏahab*	ذ
Reis – der Reis	الرُّز *ar-ruz*	رُز *ruz*	ر
Ehemann – der Ehemann	الزَّوْج *az-zauǧ*	زَوْج *zauǧ*	ز
Auto – das Auto	السَّيّارة *as-saiyara*	سَيّارة *saiyara*	س
Sonne – die Sonne	الشَّمْس *aš-šams*	شَمْس *šams*	ش
Apotheke – die Apotheke	الصَّيْدَلِيّة *aṣ-ṣaiḍalīya*	صَيْدَلِيَّة *asaiḍalīya*	ص

Bedeutung	Wort mit Artikel	Wort ohne Artikel	Sonnenbuchstabe
Gast – der Gast	الضَّيْف *aḍ-ḍaif*	ضَيْف *ḍaif*	ض
Tisch – der Tisch	الطّاوِلَة *aṭ-ṭāwila*	طاوِلة *ṭāwila*	ط
Dunkelheit – die Dunkelheit	الظَّلام *aẓ-ẓalām*	ظلام *ẓalām*	ظ
Nacht – die Nacht	اللَّيْلة *al-laila*	لَيْلة *laila*	ل
Licht – das Licht	النّور *an-nūr*	نور *nūr*	ن

Die arabischen Zahlen

In der arabischen Welt verwendet man indische Ziffern, die die Araber bei ihren Eroberungen in Persien vorgefunden haben. Man nennt sie auch „arabisch-indische" oder „ostarabische" Ziffern. Sie haben sich in den östlichen arabischen Ländern verbreitet, und man verwendet sie bis heute. Der Begriff „arabische Zahlen" ist mehrdeutig. Zum einen benennt man damit die in der arabischen Welt verbreiteten ostarabischen Ziffern. Zum anderen werden damit die heute in der westlichen Welt verbreiteten Ziffern 0, 1, 2, 3, 4, 5, 6, 7, 8, 9 bezeichnet, die auch „westarabische" Ziffern genannt werden.

Ostarabische Ziffern	٠	١	٢	٣	٤	٥	٦	٧	٨	٩
Westarabische Ziffern	0	1	2	3	4	5	6	7	8	9

Diese westarabischen Ziffern wurden von dem Perser *Mohammad ibn Musa al-Chawarizmi*[1] entwickelt, der im Auftrag des *Khalifen al-Ma'mum*[2] in Bagdad tätig war. Ziel war die Vermeidung der bei den bisherigen Ziffern häufigen Verwechslungen, die ein großes Problem für den Handel darstellten. Al-Chawarizmi entwickelte neue Ziffernsymbole basierend auf geometrischen Figuren; dabei korrespondiert die Anzahl der Winkel mit dem jeweiligen Ziffernwert. Eine Eins hat einen Winkel, eine Zwei zwei, eine Drei drei usw. – siehe Abbildung.

Al-Chawarizmi
(Foto: Davide Mauro)

Al-Chawarizmi führte außerdem die Null als Ziffer ein, die keinen Wert hat. Entsprechend hat die Null im von ihm entwickelten Ziffernsystem keinen Winkel. Mithilfe der Null entwickelte er außerdem das Dezimalsystem.

1 Al-Chawarizmi ist auch unter dem Namen Algorismi bekannt. Er war ein berühmter Mathematiker, Astronom und Geograph. Er stammte aus Choresmien im heutigen Iran, verbrachte aber den größten Teil seines Lebens in Baghdad. Er lebte zwischen 780 und 850 n. Chr. Der Begriff Algorithmus leitet sich von seinem Namen ab. Er wird auch als Vater der Algebra bezeichnet.

2 Al-Ma'mun war von 813 bis 833 Kalif der Abbasiden.

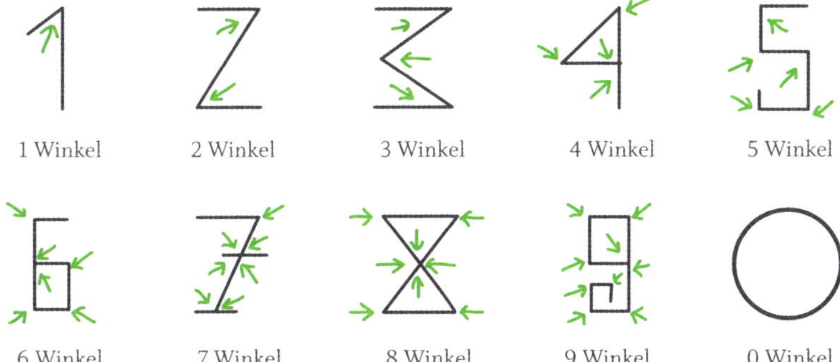

Während die ostarabischen Länder ihre Ziffern beibehielten, verbreiteten sich die neuen Ziffernsymbole in den westarabischen Ländern. Von dort gelangten sie nach Europa und in die restliche Welt, wo sie die römischen Zahlen ablösten. Mit der Zeit veränderten sich diese Ziffernsymbole zu den heute üblichen Ziffern.

Die Zahlen الأَرْقام

ṣifr	٠	0
waḥid	١	1
iṯnān	٢	2
ṯalāṯa	٣	3
arbaʿa	٤	4
ḫamsa	٥	5
sitta	٦	6
sabʿa	٧	7
ṯamānia	٨	8
tisʿa	٩	9
ʿašara	١٠	10

١١	11	٢١	21
١٢	12	٢٢	22
١٣	13	٢٣	23
١٤	14	٢٤	24
١٥	15	٢٥	25
١٦	16	٢٦	26
١٧	17	٢٧	27
١٨	18	٢٨	28
١٩	19	٢٩	29
٢٠	20	٣٠	30

١٠	٢٠	٣٠	٤٠	٥٠	٦٠	٧٠	٨٠	٩٠	١٠٠
10	20	30	40	50	60	70	80	90	100

١٠٠	١٠٠٠	١٠٠٠٠٠٠
100	1.000	1.000.000

Zahlen schreiben

Schreiben Sie bitte die Zahlen auf Arabisch.

25	٢٥	55		89	
33		65		91	
49		73		50	

Verbinden Sie bitte die gleichen Zahlen miteinander.

17	٤٦
46	٢٠١٥
87	١٩١٤
120	٤٣٢
432	٨٧
500	١٧
1914	٥٠٠
2015	١٢٠

Lesen Sie bitte die folgenden Telefonnummern und schreiben Sie Ihre Telefonnummer dazu.

٠٥٣/٥٩٥٩٤٠

٠١/٥٥١١٩٨

٠٦١/٢٨٨٢٢١

٠١٥٣/١٧٧٥٨٠

٠٣٠/٩٢٨٣٧٤

Meine Telefonnummer: ______________________

Schreiben Sie bitte Ihre Hausnummer.

Meine Hausnummer: ______________________

Schreiben Sie bitte das Datum wie im Beispiel:

٣/١٠/٢٠٢٠

Heute ist der: ______________________

Rechnen Sie bitte folgende Aufgaben und schreiben Sie das Ergebnis auf Arabisch.

٢+٥= ______

٩+٨= ______

٨+٧= ______

٣+٢= ______

١+٨= ______

٥-٠= ______

٦-٤= ______

٩-١= ______

٨-٣= ______

٧-٢= ______

Ägyptische Münzen

Text aus dem Algebra-Manuskript von *Mohammad ibn Musa al-Chawarizmi* mit der geometrischen Lösung einer quadratischen Gleichung.
Abb.: Bodleian Bibliothek, Universität Oxford

الحكمة ضالة المؤمن

هر كه چيزى نفيس كم شودش / بشتابد تا ازو بجستنش همت

جان انكس كه مؤمن باكشت / هم بدانسان طلب كند حكمت

الشر جامع لمساوي العيوب

تا توانى مكرد كرد بدى / كه ترا هست طينت طاهر

كز بدى فضل تو شود پنهان / وز بدى عيب تو شود ظاهر

كثرة الوفاق نفاق وكثرة الخلاف

در وفاق كسان غلو مكنيد / كه ازان تهمت زيان زايد

وز خلاف مدام دور شويد / كه ازان دشمنى بيفزايد

Ein Blatt aus *Einhundert Sprüche* von Ali ibn Abi Talib und Rashid al-Din Muhammad al-Balkhi al-Vatvat, 9. Jh. AH / AD 15. Jh., Abb.: Walters Art Museum

Schreibübungen

ا *Alif*

Schreiben Sie selbst:

ا	ا ا ا
ا	
ا	
ا	
ا	
با	
وا	
نا	
كا	
أُم	
مَلاك	
بُسْتان	
إمارَة	
سَلام	
النَّمسا	
سينَما	

ب *Bā’*

ب ب ب ب

ب

بب

بب

ببب

ببب

بابا

بِرْلين

بَشَرَة

بَرْلَمان

لُعْبة

كَبير

لُبْنان

دُبَي

مَلاعِب

شَراب

ت *Tā'*

ت ت ت ت

ت

تت

تت

تتت

تتت

تَمْر

توت

تَخْت

اسْتِراحة

احْتِفال

اسْتوديو

امسْتِردام

نُكَت

سَيَّارات

لُغات

ث *Ṯā'*

ث	ث ث ث
ـث	
ـثـ	
ـثـ	
ـثـ	
ثـ	
ثـ	
ثوم	
ثَمَن	
ثاني	
أَثينا	
مِثال	
تِمْثال	
ثَلاثَة	
أَثاث	
حَدَث	

ج *Ǧīm*

ج ج ج ج

ج

جج

جج

ججج

ججج

جَبَل

جيل

جَميل

مَجْلِس

بَلْجيكا

شَجَرة

وَجْه

زَوْج

مَوْج

بُرْج

ح *Ḥā'*

ح ح ح ح

ح

حح

حح

ححح

ححح

حُبّ

حال

حِوار

الحَبيب

مَحَل

مُحاسِب

أحِبُّ

صَباح

تُفّاح

مَلِح

خ Ḫā'

خ خ خ خ
خ
خخ
خخ
خخخ
خخخ
أخ
أُخْت
آخِر
خُبْز
مَخْبَز
رَخيص
الخَميس
الخَريف
تارِيخ
مَطْبَخ

د *Dāl*

د	د د د
ـد	
د	
دادا	
ديدي	
دودو	
دار	
دَرْس	
دُبَي	
دَقيقَة	
مَدْرَسَة	
مَدْخَل	
بولَنْدة	
الأرْدُن	
بَرْد	
بَريد	

ذ Ḏāl

ذ	ذ ذ ذ
ذ	
ذ	
ذاذا	
ذيذي	
ذوذو	
ذَرَّة	
ذَكي	
ذَهَب	
تَذْكَرة	
حِذاء	
العَذاب	
مُهَذّب	
لَذيذ	
نَبيذ	
أخَذَ	

ر *Rā'*

ر ر ر ر

ر

ر

رارا

ريري

رورو

رَأْس

رَئيس

راكب

مُرَبَّع

الرَّبيع

بُلْغاريا

كُمبيوتِر

شَعَر

نار

فَقير

ز *Zāy*

ز	ز ز ز
ز	
ز	
زازا	
زيزي	
زوزو	
زِيّ	
زَميل	
زُوّار	
زرافَة	
وزّة	
إجازَة	
مَزاج	
جَزيرَة	
رز	
عَجوز	

س *Sīn*

س	س س س
س	
سس	
سس	
سسس	
سسس	
سَيِّدة	
سُؤال	
سَبْعة	
سَفينَة	
سِعْر	
أوسْلو	
وارسو	
باريس	
ناس	
دَرْس	

ش Šīn

ش	ش ش ش
ش	
ششـ	
ششـ	
شششـ	
شششـ	
شَمْس	
شارِع	
مَشْروع	
الشَّجرة	
عَشَرة	
مَشْغول	
دوش	
وَحْش	
قُماش	
ريش	

ص *Ṣād*

ص	ص ص ص
ص	
صص	
صص	
صصص	
صصص	
صَفّ	
صِفِر	
صورة	
صَديق	
الصّين	
الصّابون	
مَصير	
عَصير	
لِصّ	
باص	

ض Ḍād

ض	ض ض ض
ض	
ضض	
ضض	
ضضض	
ضضض	
ضَيْف	
ضوء	
ضِفْدَع	
ضَرِيبَة	
رَمَضان	
فِضَّة	
يَضْحَك	
الضَّمير	
فَرْض	
مَريض	

ط *Ṭo*

ط	ط ط ط
ط	
ط	
طط	
طط	
ططط	
ططط	
طِبّ	
طَبْل	
طَبيب	
بَطَل	
قَطَر	
مَطَر	
مَطار	
بَط	
نِفط	

ظ Ẓo

ظ	ظ ظ ظ
ظ	
ظظ	
ظظ	
ظظظ	
ظظظ	
ظَهَرَ	
ظَنَّ	
ظَبي	
أبوظبي	
مِظَلّة	
الظُّهر	
مُظاهَرة	
الظَّرْف	
لَفْظ	
حَظّ	

ع ʿAin

ع ع ع ع

ع

عع

عع

ععع

ععع

عَمّ

عود

عِنْد

مَعِدَة

فِعْل

طَعام

بَعيد

رَبيع

سَريع

مَشْروع

غ *Ġain*

غ غ غ غ
غ
غغ
غغ
غغغ
غغغ
غالي
غَني
غاز
غُرْفَة
غَزال
غَريب
مَغارَة
المَغرِب
صائِغ
فارِغ

ف *Fā*

ف ف ف ف

ف

فف

فف

ففف

ففف

في

فَن

فيل

فَرَح

فَرَنْسا

مُفَكِّر

تِليفون

مِفتاح

خَفيف

مَتْحَف

ق *Qāf*

ق	ق ق ق
ق	
قق	
قق	
ققق	
ققق	
قَبْل	
قَلب	
قال	
قَلَق	
قَمَر	
قَليل	
مِلْعَقة	
الوَقْت	
سائِق	
وَرَق	

ك *Kāf*

ك ك ك ك
ك
كك
كك
ككك
ككك
كُل
كَم
كانَ
كِتاب
مَكْتَب
أمْريكا
هُناك
مَلِك
الفَلَّك
فَلَك

ل *Lām*

ل	ل ل ل
لل	
لل	
للل	
للل	
لا	
لَبَن	
لِتْر	
لاعِب	
لُغة	
مَلْعَب	
مَلْح	
ألْوان	
سَهِل	
أمَل	
بَصَل	

م *Mīm*

م م م م

م

مم

مم

ممم

ممم

فَم

أَلَم

ماء

مِئَة

مُمْتاز

مَلْح

المُسْتَشفى

كَريم

قَديم

حُلْم

ن *Nūn*

ن ن ن ن

ن

ن

ن

نن

نن

ننن

ننن

نور

ناس

نَهْر

فُنْدُق

الدّانوب

فَرَنسا

الرّاين

مَيدان

ه *Hāʾ*

ه ه ه ه

ه

هـ

هـ

ـهـ

ـهـ

هُوَ

هِيَ

هُنا

هُناك

هانوفر

مانهايم

الهِنْد

مَعْهَد

مُنَبِّه

الله

و *Wāw*

و و و و

و

واوا

ويوي

بوبو

لولو

والي

وَعَد

وَلَد

واحِد

وَجَع

وَجْبة

الوَزير

الوَقْت

مَعْكَرونة

مُقديشو

ي *Yā'*

ي	ي ي ي
ي	
يي	
يي	
ييي	
ييي	
يَد	
يا	
يَمين	
يَوْم	
يَسار	
اليَمَن	
سويسرا	
هَوِيَّة	
لي	
هَوِيَّتي	

لا *Lām-alif*

لا لا لا لا

لا

بلا

ضلا

ولا

لارا

لازانيا

سَلام

أهْلاً

وَسَهلاً

بلاستيك

بِلاد

إخْلاص

دولار

الأوْلاد

حَلا

ى *Alif maqsūra*

ى	ى ى ى
ى	
بى	
عى	
كى	
سى	
إلى	
عَلى	
مَتى	
مَقْهى	
بُشْرى	
اشْتَرى	
الأضْحى	
الأَقْصى	
الفَتى	
الوُسْطى	

ة *Tā' marbuta*

ة	ة ة ة
ة	
ـة	
ـة	
دة	
نة	
سَيِّدة	
امْرَأة	
وَرْدة	
سَيّارة	
شَقّة	
نَظّارَة	
شَخْصِيَّة	
ألمانِيَّة	
عَرَبِيَّة	
النِّهايَة	

1 Buchstaben zu Wörtern verbinden

Verbinden Sie bitte die Buchstaben zu einem Wort:

nein ل + ا 1

nicht, was? م + ا 2

in ف + ي 3

für mich ل + ي 4

er هُ + وَ 5

wenn لَ + وْ 6

der Vater ا + ل + أَ + ب 7

Jemen ا + ل + يَ + مَ + ن 8

der Junge ا + ل + وَ + لَ + د 9

Auflösung

1 لا 2 ما 3 فِي 4 لِي 5 هُوَ 6 لَوْ 7 الأَب 8 اليَمَن 9 الوَلَد

2 Buchstaben zu Wörtern verbinden

Verbinden Sie bitte die Buchstaben zu einem Wort:

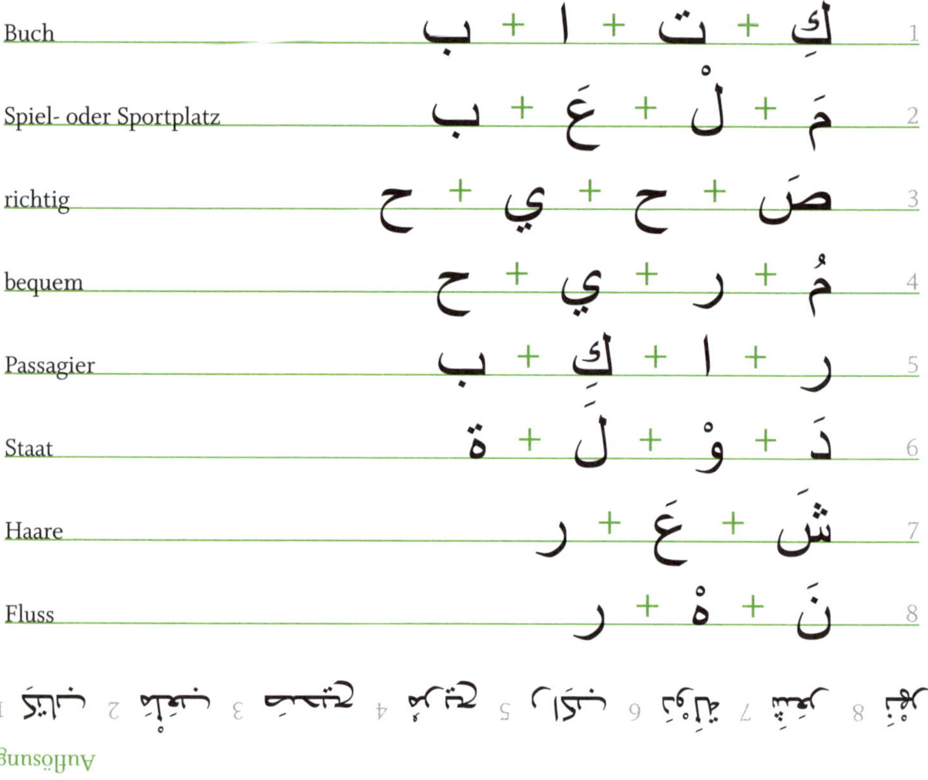

3 Buchstaben zu Wörtern verbinden

Verbinden Sie bitte die Buchstaben zu einem Wort:

Löwe	أسد أ سَ د	1
Möhren	جَ زَ ر	2
Hund	ك لْ ب	3
Sonne	شَ مْ س	4

Briefumschlag	ظَ رْ ف	5
Qatar	قَ طَ ر	6
Berg	جَ بَ ل	7
Tür	ب ا ب	8
Holz	خَ شَ ب	9
Glas	زُ ج ا ج	10
Jäger	صَ يَّ ا د	11
Buch	كِ ت ا ب	12
Halbmond	هِ ل ا ل	13
Äpfel	تُ فَّ ا ح	14
Rabe	غُ ر ا ب	15
Esel	حِ م ا ر	16
Pferd	حِ ص ا ن	17
Hase	أَ رْ نَ ب	18
Saft	عَ ص ي ر	19
Vogel	عَ صْ ف و ر	20
Getränk	مَ شْ ر و ب	21

Blumen ______ وَ رْ د 22

Zitronen ______ لَ يْ م و ن 23

Fisch ______ سَ مَ ك 24

Pilot ______ طَ يَّ ا ر 25

Elefant ______ ف ي ل 26

Auflösung

1 أسَد 2 جَزَر 3 كَلْب 4 شَمْس 5 ظَرْف 6 قَطَر 7 جَبَل
8 باب 9 خَشَب 10 زُجاج 11 صَيَّاد 12 كِتاب 13 هِلال
14 تُفَّاح 15 غُراب 16 حِمار 17 حِصان 18 أرْنَب 19 عَصير
20 عَصْفور 21 مَشْروب 22 وَرْد 23 لَيْمون 24 سَمَك 25 طَيَّار
26 فيل

4 Namen

Schreiben Sie bitte Ihren Namen und die Namen ihrer Familienmitglieder:

Beispiele:

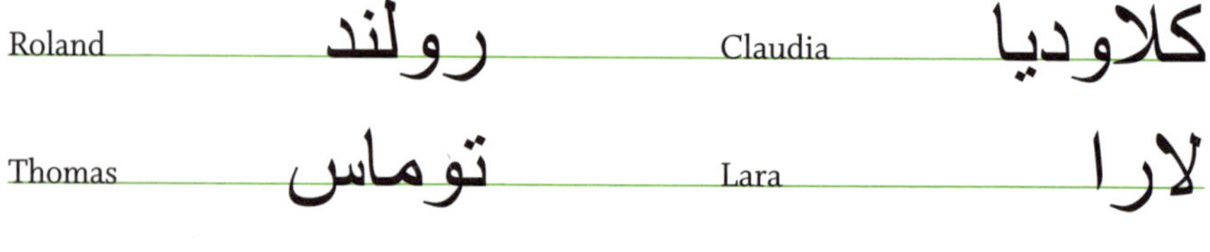

5 Städte- und Ländernamen in Buchstaben zerlegen

Zerlegen Sie bitte die Wörter in einzelne Buchstaben:

1 مْيُونيخ

2 إيطالْيا

3 أمْستِردام

4 فَرَنْسا

5 النَّرْويج

6 كوبِنْهاغِن

7 وارْسو

8 روسيا

9 النَّمسا

10 زيوريخ

Auflösung

1 مْ ي و ن ي خ 2 إ ي ط ا ل ي ا 3 أ مْ س تِ ر د ا م

4 فَ رَ نْ س ا 5 ا ل نَّ رْ و ي ج 6 ك و بِ ن ه ا غِ ن

7 و ا رْ س و 8 ر و س ي ا 9 ا ل نَّ م س ا

10 ز ي و ر ي خ

6 Wörter in Buchstaben zerlegen

Zerlegen Sie bitte die Wörter in einzelne Buchstaben und ergänzen Sie ihre Transliteration. Achten Sie dabei bitte auf die Vokalisierungszeichen.

Deutsch	Transliteration	Einzelbuchstaben	Arabisch	
rechts	*yamīn*	يَ م ي ن	يَمين	1
links			يَسار	2
Montag			الإِثْنَيْن	3
Dienstag			الثُّلاثاء	4
Mittwoch			الأَرْبِعاء	5
Donnerstag			الخَميس	6
Freitag			الجُمْعة	7
Samstag			السَّبت	8
Sonntag			الأَحَد	9
Morgen			الصَّباح	10
Mittag			الظُّهْر	11
Abend			المَساء	12
Menschen			ناس	13

Deutsch	Transliteration	Einzelbuchstaben	Arabisch	
Sache			شَيْء	14
Nacht			لَيلة	15
Uhr/Stunde			ساعَة	16
Freund			صَديق	17
Restaurant			مَطْعَم	18
Saft			عَصير	19
Cola			كولا	20
Bier			بيرا	21
Kaffee			قَهْوة	22
Tee			شاي	23
Mineralwasser			ماء مَعْدَنِيَّة	24
Taxi			تاكسي	25

Auflösung

Transliteration	Einzelbuchstaben	
yamīn	يَ م ي ن	1
yasār	يَ س ا ر	2
al-iṯnain	ا ل إِ ثْ نَ يْ ن	3
aṯulaṯā	ا ل ثُّ ل ا ث ا ء	4
al-arbi^{c}ā‘	ا ل أ رْ بِ ع ا ء	5
al-ḫamīs	ا ل خَ م ي س	6
al-ğum^{c}a	ا ل جُ مْ ع ة	7
assabt	ا ل سَّ ب ت	8
al-aḥad	ا ل أ حَ د	9

Transliteration	Einzelbuchstaben	
aṣabāḥ	ا ل صَّ ب ا ح	10
aẓuhr	ا ل ظُّ ه ر	11
al-masā‘	ا ل مَ س ا ء	12
nās	نِ ا س	13
šāy‘	شِ يْ ء	14
layla	لَ يْ ل ة	15
sā^{c}a	س ا عَ ة	16
ṣadīq	صَ د ي ق	17
maṭ^{c}am	مَ ط عَ م	18

Transliteration	Einzelbuchstaben	
^{c}aṣīr	عَ ص ي ر	19
cola	ك و ل ا	20
bīra	بِ ي ر ا	21
qahwa	قَ هْ و ة	22
šāy	ش ا ي	23
mā‘ ma^{c}da-niya	م ا ء مَ عْ دَ نِ يَّ ة	24
taxi	ت ا ك س ي	25

7 Unterscheidung zwischen ث und ش

Zerlegen Sie bitte die Wörter in einzelne Buchstaben und schreiben Sie sie in die passende Spalte.

Wörter mit ث	Wörter mit ش	Deutsch	Arabisch	
	شَ رْ ق	Osten	شَرْق	1
ثَ مَ ر		Früchte	ثَمَر	2
		Sekunde	ثانِية	3
		Sonne	شَمْس	4
		Haare	شَعَر	5
		Kamm	مُشْط	6
		Beispiel	مِثال	7
		zwei	إِثْنَيْن	8
		Straße	شارِع	9
		fleißig	نَشيط	10
		Damaskus	الشَّام	11
		Dreieck	مُثَلَّث	12
		drei	ثلاث	13

Wörter mit ث	Wörter mit ش	Deutsch	Arabisch	
		Schnupfen	رَشِح	14
		Schauspieler	مُمَثِّل	15
		Gras	حَشيش	16
		Beweis	إِثْبات	17
		ein Maskierter	مُلَثَّم	18
		zehn	عَشَرة	19
		Dokument	وَثيقة	20

Auflösung

Wörter mit ش sind1, 4, 5, 6, 9, 10, 11, 14, 16, 19. Wörter mit ث sind 2, 3, 7, 8, 12, 13, 15, 17, 18, 20.

8 Unterscheidung zwischen ح und ه

Zerlegen Sie bitte die Wörter in einzelne Buchstaben und schreiben Sie sie in die passende Spalte.

Wörter mit ح	Wörter mit ه	Deutsch	Arabisch	
حُ ب		Liebe	حُب	1
	هُ و	er	هُو	2
		Holland	هولندة	3

Wörter mit ح	Wörter mit ه	Deutsch	Arabisch	
		Heimweh	حَنين	4
		Familie	أهْل	5
		besser	أحْسَن	6
		Indien	الهنْد	7
		Traum	حِلْم	8
		Hobby	هِواية	9
		Gruß	تَحِيَّة	10
		Kaffee	قَهْوة	11
		Ruhe	هُدوء	12
		Glückwünsche	تَهاني	13
		Lob	مَدْح	14
		Geliebter	حَبيب	15
		Schmuggel	تَهريب	16
		Strom	كَهْرَباء	17
		Gott	الله	18

Wörter mit ح	Wörter mit ه	Deutsch	Arabisch	
		Barmherzigkeit	رَحْمَة	19
		Illusion	وَهْم	20

Auflösung

Wörter mit ه sind 2, 3, 5, 7, 9, 11, 12, 13, 16, 17, 18, 20. Wörter mit ح sind 1, 4, 6, 8, 10, 14, 15, 19

9 Unterscheidung zwischen ع und ح

Zerlegen Sie bitte die Wörter in einzelne Buchstaben und schreiben Sie sie in die passende Spalte.

Wörter mit ع	Wörter mit ح	Deutsch	Arabisch	
عَ ي ن		Auge	عَيْن	1
	حَ مَ لَ	tragen	حَمَلَ	2
		Tante	عَمَّة	3
		Taube	حَمامَة	4
		traurig	زَعْلانَة	5
		schicken	بَعَث	6
		Regierung	حُكومَة	7
		Werkzeug	عِدَّة	8

Wörter mit ع	Wörter mit ح	Deutsch	Arabisch	
		Salz	مَلِح	9
		Schmerz	وَجَع	10
		einsam	وَحيد	11
		Versprechen	وَعد	12
		Habgier	طَمَع	13
		Hörsinn	سَمَع	14
		richtig	صَحيح	15
		reparieren	صَلَّحَ	16
		Morgen	صَباح	17
		Frosch	ضِفْدَع	18
		Woche	أُسْبوع	19
		Schlüssel	مِفْتاح	20

Auflösung

Wörter mit ع sind 1, 3, 5, 6, 8, 10, 12, 13, 14, 18, 19. Wörter mit ح sind 2, 4, 7, 9, 11, 15, 16, 17, 20

⑩ Unterscheidung zwischen خ und ذ

Zerlegen Sie bitte die Wörter in einzelne Buchstaben und schreiben Sie sie in die passende Spalte.

Tipp: خ wird von links verbunden, ذ dagegen nie.

Wörter mit ذ	Wörter mit خ	Deutsch	Arabisch	
ذَ ن ب		Schwanz	ذَنَب	1
	خَ ط	Schrift	خَط	2
		Gold	ذَهَب	3
		herausgehen	خَرَجَ	4
		hineingehen	دَخَلَ	5
		lecker	لَذيذ	6
		Ausgang	مَخْرَج	7
		Donnerstag	الخَميس	8
		der Jahrestag	الذِّكْرى	9
		der Dozent	الأُستاذ	10
		das Klima	المَناخ	11

		der Schüler	التِّلْميذ	12
		die Geschichte	التّاريخ	13

Auflösung

Wörter mit ذ sind 1, 3, 6, 9, 10, 12. Wörter mit خ sind 2, 4, 5, 7, 8, 11, 13

11 Unterscheidung zwischen ل und ا

Zerlegen Sie bitte die Wörter in ihre einzelnen Buchstaben und schreiben Sie sie in die passende Spalte.

Tipp: ل wird von links verbunden, ا dagegen nie.

Wörter mit ا	Wörter mit ل	Deutsch	Arabisch	
أم		Mutter	أُم	1
	ل م	nicht	لَم	2
		mein Vater	أَبي	3
		für mich	لي	4
		Fach	مادَّة	5
		Stift	قَلَم	6
		Zins	فائِدة	7
		Dinar	دينار	8

		Spiel- oder Sportplatz	مَلْعَب	9
		Zukunft	مُسْتَقبَل	10
		Reste	بَقايا	11
		Palmen	نَخيل	12
		Stock	عَصا	13

Auflösung
Wörter mit ا sind 1, 3, 5, 7, 8, 11, 13. Wörter mit ل sind 2, 4, 6, 9, 10, 12

12 Wörter mit dem Artikel ال

Schreiben Sie bitte das Wort mit dem Artikel *al.* Ordnen Sie danach den ersten Buchstaben des Wortes der Sonnen- oder Mondbuchstabengruppe zu. Achten Sie darauf, wann man *al* spricht und wann nur *a*.

Sonnenbuchstabe	Mondbuchstabe	Wort mit dem Artikel *al*	Wort
ط		الطِّفل	طِفْل
	ي	اليَوم	يَوْم
			فِلْم
			كُمْبيوتِر
			أُسْبوع
			شَهَر

Sonnenbuchstabe	Mondbuchstabe	Wort mit dem Artikel *al*	Wort
			سَنَة
			رَقَم
			عَمَل
			توت
			جَزِيرَة
			مَلْعَب
			دَرْس
			حَلَوِيَّات
			هَدِيَّة
			خَبَر
			عائِلَة
			قَلَم
			تِلِفِزْيون
			شَرِكَة
			مُؤَسَّسة

Beispiel einer Handschrift

Im Alltag sind die Schreibschriften *Nasẖi* and *Arruqca* am gebräuchlichsten. Sie sind praktisch und deutlich, und man kann sie schnell schreiben. Sie erlauben Buchstabenvarianten, die einfacher und schneller geschrieben werden. Beispielsweise werden horizontale Punktepaare zu einem Strich verbunden und Drei-Punkte-Gruppen zu einem „Dach“ verbunden. So muss man beim Schreiben nicht absetzen. Weiterhin werden die beiden kleinen Halbkreise des س und ش durch einen geraden waagerechten Strich ersetzt.

ت أنت ث ثلاثة

ت أنت ث ثلاثة

ن أين ق العراق

ن أين ق العراق

ن أين ق العراق

س سوريا ش شمس

س سوريا ش شمس

الكِتابة العَربيّة جَميلة جِداً .

هٰذا خَطّ يَدوي .

Schriftbeispiele aus dem Alltag

Hinweisschild in Nablus, Palästina

Straßenschilder in den Emiraten

Schaufenster in Düsseldorf

Straßenschilder in Tunesien

Wegweiser in Bethlehem, Palästina

Arabischer Maler um 1210

Leseübungen

Zu den Leseübungen sind Sprachaufnahmen unter https://buske.de/arabische-schrift auf der Webseite des Verlages zu finden.

1 Vokalisierungszeichen

Bitte lesen Sie folgende Buchstaben mit den Vokalisierungszeichen und langen Vokalen.

Hier bitte anfangen

سَـ	عَـ	كَـ	جَـ	مَـ	دَ	تَ	قَ	نَ	بَ
sa	*^{c}a*	*ka*	*ǧa*	*ma*	*da*	*ta*	*qa*	*na*	*ba*
سُـ	عُـ	كُـ	جُـ	مُـ	دُ	تُ	قُ	نُ	بُ
su	*^{c}u*	*ku*	*ǧu*	*mu*	*du*	*tu*	*qu*	*nu*	*bu*
سِـ	عِـ	كِـ	جِـ	مِـ	دِ	تِ	قِ	نِ	بِ
si	*^{c}i*	*ki*	*ǧi*	*mi*	*di*	*ti*	*qi*	*ni*	*bi*
سْـ	عْـ	كْـ	جْـ	مْـ	دْ	تْ	قْ	نْ	بْ
s	*^{c}*	*k*	*ǧ*	*m*	*d*	*t*	*q*	*n*	*b*
سا	عا	كا	جا	ما	دا	تا	قا	نا	با
sā	*^{c}ā*	*kā*	*ǧā*	*mā*	*dā*	*tā*	*qā*	*nā*	*bā*
سو	عو	كو	جو	مو	دو	تو	قو	نو	بو
sū	*^{c}ū*	*kū*	*ǧū*	*mū*	*dū*	*tū*	*qu*	*nū*	*bū*
سي	عي	كي	جي	مي	دي	تي	قي	ني	بي
sī	*^{c}ī*	*kī*	*ǧī*	*mī*	*dī*	*tī*	*qī*	*nī*	*bī*
سٌ	عٍ	كاً	جٌ	مٍ	داً	تٌ	قٍ	ناً	بٌ
son	*^{c}en*	*kan*	*ǧon*	*men*	*dan*	*ton*	*qen*	*nan*	*bon*

2 Kurze und lange Vokale

Lesen Sie bitte folgende Buchstaben mit den Vokalisierungszeichen und langen Vokalen.

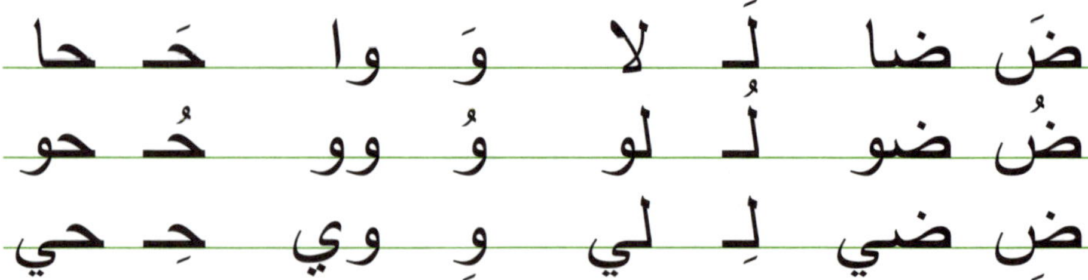

3 Buchstaben suchen

Kreisen Sie bitte ح in den folgenden Wörtern ein:

مِفتاح حَلا حُبّ إِقْتِراح حَزين ريح فَحْم لَحْم مَحَلّ

Kreisen Sie bitte د in den folgenden Wörtern ein:

دُبّ دَليل مَدْخَل الدُّوار يَدْرُس الدَّلال مَدينة الفَرْد

Kreisen Sie bitte خ in den folgenden Wörtern ein:

خُبْز مَخْزَن آخِر الخَير مُخ يَصْرُخ خَجَل خَلَل

Kreisen Sie bitte ذ in den folgenden Wörtern ein:

ذِئب جُذور أَخَذ ذَهَبَ الذِّكر نَبيذ مَذْبَح هذا لِذلك

Kreisen Sie bitte ر in den folgenden Wörtern ein:

رَبّي بَرِيء رِسالة نار العِراق رَنين
فُرْن قَرن بَرّ

Kreisen Sie bitte ز in den folgenden Wörtern ein:

زَهْرة يَزور موز جائِزة زَوْج مَخْبَز
جُزْء الفَوْز

Kreisen Sie bitte ن in den folgenden Wörtern ein:

نَحْن مُنى النّيل إعْلان مَنْشور لبنان
نَبات أُكْسُجين

Kreisen Sie bitte ب in den folgenden Wörtern ein:

بَلَد لَبَن بِنْت كِتاب صَباح بَيْروت
بَلْجيكا ألْعاب أَبو

Kreisen Sie bitte ع in den folgenden Wörtern ein:

عَيْن مَع فِعْل سَمِعَ لَعِبَ عَلى مُعَدَّل
عَظيم صُداع

Kreisen Sie bitte ض in den folgenden Wörtern ein:

ضَمَّة مَضّاض ضَمير فَضْل مَريض
بَيْضة

Kreisen Sie bitte ظ in den folgenden Wörtern ein:

ظَنَّ الظَّرْف لَحْظة يَلْفُظُ يَحْفَظُ حَظّ
الجاحِظ ظَلام

Kreisen Sie bitte ي in den folgenden Wörtern ein:

بَيْن أَكيد يَمين يَد جَديد لي رَخيص
كولونيا سيَّارة

4 Einzelwörter

Lesen Sie bitte folgende Wörter:

Haus	بَيْت	*bait*
Scheich	شَيْخ	*schaiḫ*
Mann	رَجُل	*rağul*
Dubai	دُبَي	*Dubai*
Ägypten	مِصْر	*miṣr*
Amman	عَمَّان	*ᶜammān*

5 Aussagen

Lesen Sie bitte die folgenden Aussagen:

großes Haus	بَيْتٌ كَبيرٌ
stürmisches Meer	بَحْرٌ هائِجٌ
schöne Stadt	مَدينَةٌ جَميلَةٌ
schneller Zug	قِطارٌ سَريعٌ
Im Garten	في الحَديقَةِ
Im Auto	في السَّيَّارَةِ

6 Sätze

Lesen Sie bitte die folgenden Sätze:

Hier geht's los.

1. أَنا أَذْهَبُ إِلى السُّوق كُلَّ يَوْم في الصَّباح. أَشْتَري الخُبْز والحَليب والفاكِهَة والخُضْرة.

2. أُحِبُّ الطَّقْس الدَّافِئ لِأَذْهَب مَع أَوْلادي إِلى الحَديقَةِ العامَّة. يَلْعَبُ إِبْنِي بالرَّمْل وتَلْعَبُ بِنْتي مَعَ صَديقَتِها بالأَلْعاب الأُخْرى.

3 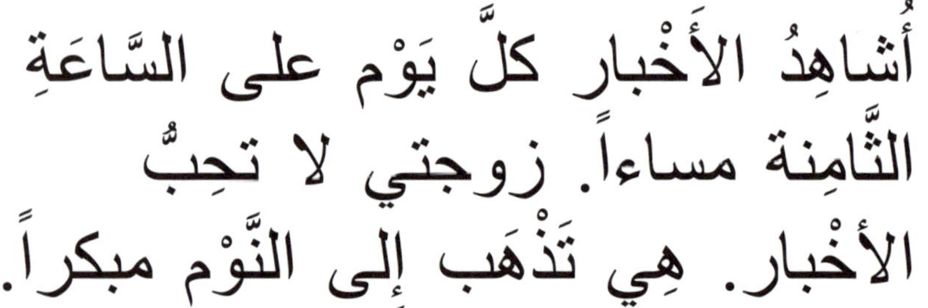

أُشاهِدُ الأَخْبار كلَّ يَوْم على السَّاعَةِ الثَّامِنة مساءاً. زوجتي لا تحِبُّ الأَخْبار. هِي تَذْهَب إِلى النَّوْم مبكراً.

Übersetzung der Sätze

1 Ich gehe zum Markt jeden Tag am Morgen. Ich kaufe Brot, Milch, Obst und Gemüse.

2 Ich liebe das warme Wetter, um mit meinen Kindern zum Spielplatz zu gehen. Mein Sohn spielt im Sand und meine Tochter spielt mit ihrer Freundin mit den anderen Spielen.

3 Ich schaue Nachrichten jeden Tag um acht Uhr abends. Meine Frau mag die Nachrichten nicht. Sie geht früh ins Bett.

7 Gedicht 

Lesen Sie bitte das folgende Gedicht:
„Auf dieser Erde ist, was das Leben lebenswert macht“[1]

عَلَى هَذِهِ الأَرْض مَا يَسْتَحِقُّ الحَياةْ:
تَرَدُّدُ إبْريلَ،
رَائِحَةُ الخُبْزِ فِي الفَجْرِ،
تَعويذَةُ امْرأةٍ للرِّجالِ،
كِتَابَاتُ أَسْخِيْلِيوس،
أوَّلُ الحُبِّ،

1 Ein Gedicht des palästinensischen Dichters Mahmoud Darwish (1941–2008).

عُشْبٌ عَلَى حَجَرٍ،
أُمَّهاتٌ تَقِفْنَ عَلَى خَيْطِ ناي،
وَخَوْفُ الغُزَاةِ مِنَ الذِّكْرياتْ.
عَلَى هَذِهِ الأَرْض ما يَسْتَحِقُّ الحَيَاةْ:
نِهَايَاتُ أَيلُولَ،
سَيِّدَةٌ تترُكُ الأَرْبَعِينَ بِكَامِلِ مِشْمِشِها
ساعَاتُ الشَّمْسِ فِي السِّجْنِ،
غَيْمٌ يُقَلِّدُ سِرْباً مِنَ الكَائِنَاتِ،
هُتَافَاتُ شَعْبٍ لِمَنْ يَصْعَدُونَ إِلى حَتْفِهِمْ
بَاسِمِينَ،
وَخَوْفُ الطُّغَاةِ مِنَ الأُغْنِيَاتْ.
عَلَى هَذِهِ الأَرْضِ مَا يَسْتَحِقُّ الحَيَاةْ:
عَلَى هَذِهِ الأَرضِ سَيِّدَة الأَرْضِ،
أُمُّ البدَايَاتِ أُمَّ النِّهَايَاتِ.
كَانَتْ تُسَمَّى فِلِسْطِين.
صَارَتْ تُسَمَّى فِلِسْطِين.
سَيِّدَتي: أَستحِقُّ، لأَنَّكِ سيِّدَتِي، أَسْتَحِقُّ الحَيَاةْ.

Übersetzung des Gedichts

Auf dieser Erde ist, was das Leben lebenswert macht:
Die Wiederkehr des Aprils,
der Geruch des Brotes bei Sonnenaufgang,
Talisman einer Frau für die Männer,
die Schriften von Aischylos,
die Anfänge der Liebe,
Moos auf einem Stein,
Mütter stehen auf einem Faden einer Flöte,
und Angst der Eindringlinge vor den Erinnerungen.

Auf dieser Erde ist, was das Leben lebenswert macht:
Die Septemberenden,
eine Dame überschreitet Vierzig in voller Blüte,
die Stunden der Sonne im Gefängnis,
Wolken ahmen eine Herde von Geschöpfen nach,
Parolen eines Volkes für die, die lächelnd in ihren Tod gehen,
und die Angst der Tyrannen vor den Liedern.

Auf dieser Erde ist, was das Leben lebenswert macht.
Auf dieser Erde ist die Herrin der Erde,
Mutter der Anfänge, Mutter der Enden,
sie war Palästina genannt worden,
sie wurde Palästina genannt.
Meine Herrin: Ich verdiene, weil du meine Herrin bist, ich verdiene das Leben.

Das arabische Alphabet

Nehmen Sie sich diese Übersicht zur Hilfe beim Schreiben.

ث ثثث ‘ṯā	ت تتت ‘tā	ب ببب ‘bā	أ أ أ أ alif
د ددد dāl	خ خخ خ ‘ḫā	ح ححح ‘ḥā	ج ججج ǧīm
س سسس sīn	ز ززز zāy	ر ررر ‘rā	ذ ذذذ ḏāl
ط ططط ṭo	ض ضضض ḍād	ص صصص ṣād	ش ششش šīn
ف ففف ‘fā	غ غغغ ġain	ع ععع ʿain	ظ ظظظ ẓo
م ممم mīm	ل للل lām	ك ككك kāf	ق ققق qāf
ي ييي ‘yā	و ووو wāw	ه ههه ‘hā	ن ننن nūn

Vokabelverzeichnis Arabisch–Deutsch

In diesem Verzeichnis stehen die Wörter aus den Übungen, die nicht in der jeweiligen Übung bereits übersetzt wurden.

Adj. = Adjektiv; Adv. = Adverb; F. = Femininum; M. = Maskulinum; Nom. = Nomen; Pers. = Person; Pl. = Plural; Präp. = Präposition; Präs. = Präsens; Prät. = Präteritum; regelm. = regelmäßig; Sg. = Singular; unregelm. = unregelmäßig; V. = Verb

Deutsch	Wortart, Genus, Numerus	Arabisch
Vater	Nom. M. Sg.	أَب
Kanne	Nom. M. Sg.	إبْريق
Sohn	Nom. M. Sg.	إبن
Vater von	Nom. M. Sg.	أَبو
Abu Dhabi	Nom. F.	أبوظبي
Möbel	Pl. Nom., behandelt wie Nom. M. Sg.	أَثاث
Athen	Nom. F.	أَثينا
ich mag, ich liebe	V. 1. Pers. Präs.	أُحِبُّ
Feier	Nom. M. Sg.	إحْتِفال
Schwester	Nom. F. Sg.	أُخْت
er nahm	V. 3. Pers. Prät.	أَخَذ
letztes	Adj. M.	آخِر
Treue	Nom. M. Sg.; Eigennamen M. und F.	إخْلاص
Jordanien	Nom. F.	الأرْدُن

Deutsch	Wortart, Genus, Numerus	Arabisch
angenehmer Duft	Nom. M. Sg.; Eigenname F.	أَرِيج
Jericho	Nom. F.	أريحا
Woche	Nom. M. Sg.	أسْبوع
Professor, Dozent	Nom. M. Sg.	أسْتاذ
Pause	Nom. F. Sg.	اسْتِراحة
Studio	Nom. M. Sg.	اسْتوديو
er kaufte	V. 3. Pers. Prät.	اشْتَرى
das Opferfest	Nom. M. Sg.	الأضْحى
Streik	Nom. M. Sg.	إضراب
Werbung	Nom. M. Sg.	إعْلان
Vorschlag	Nom. M. Sg.	إقتِراح
Al-Aqsa Moschee	Nom. / Adj. M. Sg.	اَلأَقْصى
Sauerstoff	Pl. Nom., behandelt wie Nom. M. Sg.	أُكْسُجين
sicher	Adj. M. Sg.	أَكيد
Spielzeuge	Nom. unregelm. Pl.	أَلْعاب
Schmerz	Nom. M. Sg.	أَلَم
Deutsche	Adj. F. Sg.	أَلمانِيَّة
Farben	Nom. M. unregelm. Pl.	أَلْوان

Deutsch	Wortart, Genus, Numerus	Arabisch
zu	Präp.	إِلى
Mutter	Nom. F. Sg.	أُم
Emirat	Nom. F. Sg.	إمارَة
Frau	Nom. F. Sg.	إمْرَأة
Amerika	Nom. F.	أَمْريكا
Amsterdam	Nom. F.	أَمسْتِردام
Hoffnung	Nom. M. Sg.	أمَل
Willkommen	Adv.	أهْلاً
Herzlich Willkommen	Adv.	أهْلاً وَسَهلاً
die Jungen, die Kinder	Nom. unregelm. Pl.	الأَوْلاد
auch	Adv.	أيْضاً
Tür	Nom. M. Sg.	باب
Papa	Nom. M. Sg.	بابا
Bus	Nom. M. Sg.	باص
Festland	Nom. M. Sg.	بَرّ
Turm	Nom. M. Sg.	بُرْج
Kälte	Nom. M. Sg.	بَرْد
Parlament	Nom. M. Sg.	بَرْلَمان

Deutsch	Wortart, Genus, Numerus	Arabisch
Berlin	Nom. F.	بِرْلين
unschuldig	Adj. M. Sg.	بَرِيء
Post	Nom. M. Sg.	بَريد
Garten	Nom. M. Sg.	بُسْتان
Haut	Nom. F. Sg.	بَشَرَة
Botschaft, Nachricht, auch Frauenname	Nom. F. Sg.; auch Eigenname F.	بُشْرى
hässlich	Adj. M. Sg.	بَشِع
Zwiebeln	Nom. M. Sg.	بَصَل
Enten	Pl. Nom., behandelt wie Nom. M. Sg.	بَط
Held	Nom. M. Sg.	بَطَل
weit	Adj. M. Sg.	بَعيد
Länder	Nom. unregelm. Pl.	بِلاد
Plastik	Nom. M. Sg.	بلاستيك
Belgien	Nom. F.	بَلْجيكا
Staat	Nom. M. Sg.	بَلَدٍ
Mädchen	Nom. F. Sg.	بِنْت
Polen	Nom. F.	بولَنْدة
Haus	Nom. M. Sg.	بَيْت

Deutsch	Wortart, Genus, Numerus	Arabisch
Beirut	Nom. F.	بَيْروت
Ei	Nom. F. Sg.	بَيْضة
zwischen	Präp.	بَيْن
Geschichte	Nom. M. Sg.	تاريخ
Bett	Nom. M. Sg.	تَخْت
Äpfel	Pl. Nom., behandelt wie Nom. M. Sg.	تُفّاح
Fernsehen	Nom. M. Sg.	تِلِفِزْيون
Telefon	Nom. M. Sg.	تِليفون
Statue	Nom. M. Sg.	تِمْثال
Datteln	Pl. Nom., behandelt wie Nom. M. Sg.	تَمْر
Beeren	Pl. Nom., behandelt wie Nom. M. Sg.	توت
Tunis, Tunesien	Nom. F.	تونِس
zweiter	Adj. M. Sg.	ثاني
drei	Nom. F.	ثَلاثَة
Frucht	Pl. Nom., behandelt wie Nom. M. Sg.	ثَمَر
Preis	Nom. M. Sg.	ثَمَن
Knoblauch	Pl. Nom., behandelt wie Nom. M. Sg.	ثوم
al-Dschāhiz (arabischer Literat † 869)	Eigenname	الجاحِظ

Deutsch	Wortart, Genus, Numerus	Arabisch
Auszeichnung	Nom. F. Sg.	جائِزَة
Berg	Nom. M. Sg.	جَبَل
neu	Adj. M. Sg.	جَديد
Wurzeln	Nom. unregelm. Pl.	جُذور
Zeitung	Nom. F. Sg.	جَريدَة
Teil	Nom. M. Sg.	جُزْء
Möhre	Pl. Nom., behandelt wie Nom. M. Sg.	جَزَر
Insel	Nom. F. Sg.	جَزيرَة
Verein, Vereinigung	Nom. F. Sg.	جَمْعِيَّة
Kamel	Nom. M. Sg.	جَمَل
schön	Adj. M. Sg.	جَميل
Generation	Nom. M. Sg.	جيل
Zustand	Nom. M. Sg.	حال
Liebe	Nom. M. Sg.	حُبّ
Seil	Nom. M. Sg.	حَبْل
der Liebling	Nom. M. Sg.	الحَبيب
ein Liebling	Nom. M. Sg.	حَبيبٌ
ein Ereignis	Nom. M. Sg.	حَدَث

Deutsch	Wortart, Genus, Numerus	Arabisch
modern, aktuell	Nom. M. Sg.	حَديث
traurig	Adj. M. Sg.	حَزين
Chance, Glück	Nom. M. Sg.	حَظّ
Schönheit	Nom. M. Sg.	حَلا
Traum	Nom. M. Sg.	حُلْم
Süßigkeiten	Nom. F. regelm. Pl.	حَلَوِيّات
Milch	Pl. Nom., behandelt wie Nom. M. Sg.	حَليب
Lamm	Nom. M. Sg.	حَمَل
Dialog	Nom. M. Sg.	حِوار
Nachricht	Nom. M. Sg.	خَبَر
Brot	Pl. Nom., behandelt wie Nom. M. Sg.	خُبْز
Schüchternheit	Nom. M. Sg.	خَجَل
Herbst	Nom. M. Sg.	الخَريف
leicht	Adj. M. Sg.	خَفيف
Defekt	Nom. M. Sg.	خَلَل
Donnerstag	Nom. M. Sg.	الخَميس
das Gute	Nom. M. Sg.	الخَير
Haus	Nom. M. Sg.	دار

Deutsch	Wortart, Genus, Numerus	Arabisch
die Donau	Nom. M.	الدّانوب
Bär	Nom. M. Sg.	دُبّ
Dubai	Nom. F.	دُبَي
Motorrad	Nom. F. Sg.	دَرّاجَةٍ
Lektion	Nom. M. Sg.	دَرْس
Minute	Nom. F. Sg.	دَقيقَة
die Verwöhnung	Pl. Nom., behandelt wie Nom. M. Sg.	الدّلال
Führer, Reiseführer	Nom. M. Sg.	دَليل
der Kreisverkehr	Nom. M. Sg.	الدُّوار
Dusche	Nom. M. Sg.	دوش
Dollar	Nom. M. Sg.	دولار
männlich	Nom. M. Sg.	الذَّكر
intelligent	Adj. M. Sg.	ذَكيٌّ
Schwanz	Nom. M. Sg.	ذَنَب
Gold	Nom. M. Sg.	ذَهَب
Wolf	Nom. M. Sg.	ذِئْب
Kopf	Nom. M. Sg.	رَأْس
der Rhein	Nom. M.	الرّاين

Deutsch	Wortart, Genus, Numerus	Arabisch
mein Gott	Nom. M. Sg. + Suffixpronomen	رَبّي
Frühling	Nom. M. Sg.	رَبيع
billig	Adj. M. Sg.	رَخيص
Brief	Nom. F. Sg.	رِسالة
Säugling	Nom. M. Sg.	رَضيع
Nummer	Nom. M. Sg.	رَقَم
Ramadan	Nom. M. Sg.	رَمَضان
Klingelton	Nom. M. Sg.	رَنين
Wind	Nom. M. Sg.	ريح
Feder	Pl. Nom., behandelt wie Nom. M. Sg.	ريش
ländliche Gegend	Pl. Nom., behandelt wie Nom. M. Sg.	ريف
Frauenname (Bedeutung: Gazelle)	Nom. M. Sg.; auch Eigenname F.	ريم
Kollege	Nom. M. Sg.	زَميلٌ
Blüte	Nom. F. Sg.	زَهْرة
Ehemann	Nom. M. Sg.	زَوْج
Fahrer	Nom. M. Sg.	سائِق
schnell	Adj. M. Sg.	سَريعٍ
glücklich	Adj. / Adv. M. Sg.	سَعيداً

Deutsch	Wortart, Genus, Numerus	Arabisch
Frieden	Nom. M. Sg.	سَلام
er hörte	V. 3. Pers. Präs.	سَمِعَ
Fisch	Pl. Nom., behandelt wie Nom. M. Sg.	سَمَك
Jahr	Nom. F. Sg.	سَنَة
Ebene, leicht	Nom. M. Sg. / Adj. M. Sg.	سَهِل
Markt, Souq	Nom. M. Sg.	سوق
Schweiz	Nom. F.	سويسرا
Autos	Nom. F. regelm. Pl.	سَيَّارات
Auto	Nom. F. Sg.	سَيّارة
Dame	Nom. F. Sg.	سَيِّدة
Kino	Nom. F. Sg.	سينَما
Straße	Nom. M. Sg.	شارِع
Syrien	Nom. F. Sg.	شام
der Baum	Nom. F. Sg.	الشَّجرة
ein Baum	Nom. F. Sg.	شَجَرة
Persönlichkeit	Nom. F. Sg.	شَخْصِيَّة
Getränk	Nom. M. Sg.	شَراب
Firma	Nom. F. Sg.	شَرِكَة

Deutsch	Wortart, Genus, Numerus	Arabisch
Wohnung	Nom. F. Sg.	شَقَّة
Danke	Adv.	شُكْراً
Sonne	Nom. F. Sg.	شَمْس
Monat	Nom. M. Sg.	شَهَر
etwas	Nom. M. Sg.	شَيْءٌ
die Seife	Nom. M. Sg.	الصّابون
Juwelier	Nom. M. Sg.	صائِغ
Morgen	Nom. M. Sg.	صَباح
Kopfschmerzen	Nom. M. Sg.	صُداع
Freund	Nom. M. Sg.	صَديق
klein	Adj. M. Sg.	صَغير
Klasse, Reihe	Nom. M. Sg.	صَفّ
Null	Nom. M. Sg.	صِفر
Kleber	Pl. Nom., behandelt wie Nom. M. Sg.	صَمْغ
Bild	Nom. F. Sg.	صورة
China	Nom. F.	الصّين
Steuer	Nom. F. Sg.	ضَريبَة
Druck	Nom. M. Sg.	ضَغْط

Deutsch	Wortart, Genus, Numerus	Arabisch
Frosch	Nom. M. Sg.	ضِفْدَع
kurzes Vokalzeichen „u" ◌ُ	Nom. F. Sg.	ضَمَّة
das Gewissen	Nom. M. Sg.	الضَّمير
Gewissen	Nom. M. Sg.	ضَمير
Licht	Nom. M. Sg.	ضوء
Gast	Nom. M. Sg.	ضَيْف
Flugzeug	Nom. F. Sg.	طَائِرة
Medizin	Nom. M. Sg.	طِبّ
Trommel	Nom. M. Sg.	طَبْل
Arzt	Nom. M. Sg.	طَبيبٌ
Essen	Nom. M. Sg.	طَعام
Kind	Nom. M. Sg.	طِفْل
Rehkitz	Nom. M. Sg.	ظَبي
der Briefumschlag	Nom. M. Sg.	الظَّرْف
Briefumschlag	Nom. M. Sg.	ظَرْف
Dunkelheit	Nom. M. Sg.	ظَلام
er dachte	V. 3. Pers. Prät.	ظَنَّ
der Mittag	Nom. M. Sg.	الظُّهر

Deutsch	Wortart, Genus, Numerus	Arabisch
es erschien	V. 3. Pers. Prät.	ظَهَرَ
Familie	Nom. F. Sg.	عائِلَة
Irak	Nom. F.	العِراق
Araberin	Adj. F. Sg.	عَرَبِيَّة
Männername	Adj. M. Sg.	عَزيز
zehn	Nom. F.	عَشَرة
Stock	Nom. M. Sg.	عَصا
Saft	Nom. M. Sg.	عَصير
toll, großartig	Adj. M. Sg.	عَظيم
bitte	Adv.	عَفْواً
auf	Präp.	عَلى
Alia (Frauenname)	Eigenname F.	عَلْيا
Onkel	Nom. M. Sg.	عَمّ
Arbeit	Nom. M. Sg.	عَمَل
bei	Präp.	عِنْد
Oud (Instrument)	Nom. M. Sg.	عود
Fest	Nom. M. Sg.	عيد، عيداً
Auge	Nom. F. Sg.	عَيْن

Deutsch	Wortart, Genus, Numerus	Arabisch
Gas	Pl. Nom., behandelt wie Nom. M. Sg.	غاز
teuer	Adj. M. Sg.	غالي
Zimmer	Nom. F. Sg.	غُرْفَة
ein Fremder	Adj. M. Sg.	غَريب
Gazelle	Nom. M. Sg.	غَزال
Komplimente machen	Pl. Nom., behandelt wie Nom. M. Sg.	غَزَل
dick	Adj. M. Sg.	غَليظ
reich	Adj. M. Sg.	غَني
leer	Adj. M. Sg.	فارِغ
der Junge	Nom. M. Sg.	الفَتى
Kohle	Nom. M. Sg.	فَحْم
Freude	Nom. M. Sg.	فَرَح
das Individuum	Nom. M. Sg.	الفَرْد
Aufgabe	Nom. M. Sg.	فَرْض
Backofen	Nom. M. Sg.	فُرْن
Frankreich	Nom. F.	فَرَنسا
Silber	Nom. F. Sg.	فِضَّة
Güte, Anmut	Nom. M. Sg.	فَضْل

Deutsch	Wortart, Genus, Numerus	Arabisch
schrecklich	Adj. M. Sg.	فَظيع
Verb	Nom. M. Sg.	فِعْل
arm	Adj. M. Sg.	فَقير
der Kiefer	Nom. M. Sg.	الفَكّ
Astronomie	Nom. M. Sg.	فَلَك
Film	Nom. M. Sg.	فِلْم
Mund	Nom. M. Sg.	فَم
Kunst	Nom. M. Sg.	فَن
Hotel	Nom. M. Sg.	فُنْدُق
Gepard (auch Männername)	Nom. M. Sg.	فَهْد
der Sieg	Nom. M. Sg.	الفَوْز
in	Präp.	في
Elefant	Nom. M. Sg.	فيل
er sagte	V. 3. Pers. Prät.	قال
vor	Adv.	قَبْل
alt, antik	Adj. M. Sg.	قَديم
Jahrhundert	Nom. M. Sg.	قَرن
Geschichte, Story	Nom. F. Sg.	قِصَّة

Deutsch	Wortart, Genus, Numerus	Arabisch
Zug	Nom. M. Sg.	قِطار
Qatar	Nom. F.	قَطَر
Herz	Nom. M. Sg.	قَلب
Sorge	Nom. M. Sg.	قَلَق
Stift	Nom. M. Sg.	قَلَم
wenig	Adj. M. Sg.	قَليل
Stoff	Nom. M. Sg.	قُماش
Mond	Nom. M. Sg.	قَمَر
groß	Adj. M. Sg.	كَبير
Buch	Nom. M. Sg.	كِتاب
Ball	Nom. F. Sg.	كُرَةٌ
großzügig	Adj. M. Sg.	كَريم
alle	Adv.	كُل
Computer	Nom. M. Sg.	كُمْبيوتِر
Köln	Nom. F.	كولونيا
Lara (Frauenname)	Eigenname F.	لارا
Lasagne	Nom. F.	لازانيا
Spieler	Nom. M. Sg.	لاعِب

Deutsch	Wortart, Genus, Numerus	Arabisch
Joghurt	Nom. M. Sg.	لَبَن
Libanon	Nom. F.	لبنان
Liter	Nom. M. Sg.	لِتْر
Sekunde	Nom. F. Sg.	لَحْظَة
Fleisch	Nom. M. Sg.	لَحْم
darum, deswegen	Adv.	لِذَلك
Dieb	Nom. M. Sg.	لِص
er spielte	V. 3. Pers. Prät.	لَعِبَ
Spiel	Nom. M. Sg.	لُعْبَة
Sprachen	Nom. F. regelm. Pl.	لُغات
Sprache	Nom. F. Sg.	لُغة
Aussprache	Nom. M. Sg.	لَفْظ
Gott	Nom. M. Sg.	الله
Mandel	Nom. M. Sg.	لَوْز
für mich	Präp. + Suffixpronomen	لي
Zitrone, Limone	Nom. M. Sg.	لَيْمون
Wasser	Pl. Nom., behandelt wie Nom. M. Sg.	ماء
Mannheim	Nom. F.	مانهايم

Deutsch	Wortart, Genus, Numerus	Arabisch
Museum	Nom. M. Sg.	مَتْحَف
wann	Fragewort	مَتى
Beispiel	Nom. M. Sg.	مِثال
Bereich	Nom. M. Sg.	مَجال
Rat (Institution)	Nom. M. Sg.	مَجْلِس
Buchhalter	Nom. M. Sg.	مُحاسِب
Ort	Nom. M. Sg.	مَحَلّ
Gehirn, Kleinhirn	Nom. M. Sg.	مُخ
Bäckerei	Nom. M. Sg.	مَخْبَز
Lager	Nom. M. Sg.	مَخْزَن
Eingang	Nom. M. Sg.	مَدْخَل
Schule	Nom. F. Sg.	مَدْرَسَة
Stadt	Nom. F. Sg.	مَدينة
Altar	Nom. M. Sg.	مَذْبَح
bitter	Adj. M. Sg.	مُرّ
Mars	Name des Planeten	مَرّيخ
Patient	Adj. M. Sg.	مَريض
Schwimmbad	Nom. M. Sg.	مَسْبَح

Deutsch	Wortart, Genus, Numerus	Arabisch
das Krankenhaus	Nom. M. Sg.	المُسْتَشفى
Projekt	Nom. M. Sg.	مَشْروع
beschäftigt	Adj. M. Sg.	مَشْغول
Schicksal	Nom. M. Sg.	مَصير
anti-	Nom. M. Sg.	مَضّاض
Schläger	Nom. M. Sg.	مَضْرِب
Flughafen	Nom. M. Sg.	مَطار
Küche	Nom. M. Sg.	مَطْبَخ
Regen	Nom. M. Sg.	مَطَر
Demonstration	Nom. F. Sg.	مُظاهَرة
Regenschirm	Nom. F. Sg.	مِظَلّة
mit	Präp.	مَع
Magen	Nom. F. Sg.	مَعِدَة
Durchschnitt	Nom. M. Sg.	مُعَدَّل
Nudeln, Maccaroni	Nom. F. Sg.	مَعْكَرونة
Lehrer	Nom. M. Sg.	مُعلَّم
Institut	Nom. M. Sg.	مَعْهَد
Höhle	Nom. F. Sg.	مَغارَة

Deutsch	Wortart, Genus, Numerus	Arabisch
Marokko	Adj. M. Sg.	المَغرِب
Schlüssel	Nom. M. Sg.	مِفتاح
Denker	Nom. M. Sg.	مُفَكِّر
nützlich	Adj. M. Sg.	مُفيد
Mogadischu	Nom. F.	مُقديشو
Café	Nom. M. Sg.	مَقْهى
Büro	Nom. M. Sg.	مَكْتَب
Spielplätze	Nom. unregelm. Pl.	مَلاعِب
Engel	Nom. M. Sg.	مَلاك
Salz	Pl. Nom., behandelt wie Nom. M. Sg.	مَلِح
Spielplatz	Nom. M. Sg.	مَلْعَب
Löffel	Nom. F. Sg.	مِلْعَقة
König	Nom. M. Sg.	مَلِك
sehr gut	Adv.	مُمْتاز
möglich	Adv.	مُمْكِن
wer	Fragewort	مَن
Wecker	Nom. M. Sg.	مُنَبِّه
Flugblatt	Nom. M. Sg.	مَنْشور

Deutsch	Wortart, Genus, Numerus	Arabisch
Szene, Landschaft	Nom. M. Sg.	مَنْظَر
Mona (Frauenname)	Eigenname F.	مُنى
wichtig	Adj. M. Sg.	مُهِمٌّ
Beruf	Nom. F. Sg.	مِهْنَةٌ
Wellen	Pl. Nom., behandelt wie Nom. M. Sg.	مَوْج
Bananen	Pl. Nom., behandelt wie Nom. M. Sg.	موز
Institution	Nom. F. Sg.	مُؤَسَّسة
hundert	Nom. F. Sg.	مِئَة
Feld, Bereich	Nom. M. Sg.	مَيدان
Klub	Nom. M. Sg.	نادي
Feuer	Nom. F. Sg.	نار
Menschen	Pl. Nom., behandelt wie Nom. M. Sg.	ناس
Pflanzen	Pl. Nom., behandelt wie Nom. M. Sg.	نَبات
Wein	Nom. M. Sg.	نَبيذ
wir (Pronomen)	Personalpronomen, 3. Pers. Pl.	نَحْن
Brille	Nom. F. Sg.	نَظّارَة
Erdöl	Pl. Nom., behandelt wie Nom. M. Sg.	نِفْط
Witze	Nom. unregelm. Pl.	نُكَت

Deutsch	Wortart, Genus, Numerus	Arabisch
Österreich	Nom. F.	النِّمسا
das Ende	Nom. F. Sg.	النِّهايَة
Fluss	Nom. M. Sg.	نَهْر
Licht	Nom. M. Sg.	نور
der Nil	Nom. M.	النِّيل
Hannover	Nom. F.	هانوفر
Geschenk	Nom. F. Sg.	هَديَّة
das, dieser	Demonstrativpronomen, M. Sg.	هذا
hier	Adv.	هُنا
dort	Adv.	هُناك
Indien	Nom. F.	الهِنْد
er (Pronomen)	Personalpronomen, M. Sg.	هُوَ
Ausweis	Nom. F. Sg.	هَوِيَّة
mein Ausweis	Nom. F. Sg. + Suffixpron. 1. Pers. Sg.	هَوِيَّتي
sie (Pronomen)	Personalpronomen, F. Sg.	هِيَ
eins	Nom. M. Sg.	واحِد
Herrscher	Nom. M. Sg.	والي
Mahlzeit	Nom. F. Sg.	وَجْبة

Deutsch	Wortart, Genus, Numerus	Arabisch
Schmerz	Pl. Nom., behandelt wie Nom. M. Sg.	وَجَع
Gesicht	Nom. M. Sg.	وَجْه
Monster, Raubtier	Nom. M. Sg.	وَحْش
Blume	Nom. F. Sg.	وَرْدة
Papier	Pl. Nom., behandelt wie Nom. M. Sg.	وَرَق
Minister	Nom. M. Sg.	وَزير
der Minister	Nom. M. Sg.	الوَزير
die Mittlere	Nom. / Adj. F. Sg.	الوُسْطى
Versprechen	Nom. M. Sg.	وَعد
die Zeit	Nom. M. Sg.	الوَقْت
Junge	Nom. M. Sg.	وَلَدٌ
Rufwort	Hat keinen grammatikalischen Wert, kommt vor Eigennamen	يا
er speichert	V. 3. Pers. Präs.	يَحْفَظُ
Hand	Nom. F. Sg.	يَد
er lernt	V. 3. Pers. Präs.	يَدْرُس
er besucht	V. 3. Pers. Präs.	يَزور
links	Nom. M. Sg.	يَسار
er schreit	V. 3. Pers. Präs.	يَصْرُخ

Deutsch	Wortart, Genus, Numerus	Arabisch
er lacht	V. 3. Pers. Präs.	يَضْحَك
er spricht aus	V. 3. Pers. Präs.	يَلْفُظ
Yemen	Nom. F.	اليَمَن
rechts	Nom. M. Sg.	يَمين
Tag	Nom. M. Sg.	يَوْم